REVUE

DE

MÉTALLURGIE

PUBLIÉE AVEC LE CONCOURS

DE LA SOCIÉTÉ D'ENCOURAGEMENT POUR L'INDUSTRIE NATIONALE,

DU COMITÉ DES FORGES DE FRANCE ET DE DIFFÉRENTS ÉTABLISSEMENTS INDUSTRIELS

DIRECTEUR : **HENRY LE CHATELIER**

Comité de la Revue :

MM. BACLÉ, DUPUIS, GRUNER, OSMOND, POURCEL, DESCROIX, *Secrétaire*

Comité permanent de Rédaction :

MM. Bel, Briand, Chatenet, Coupeau, J. Guillet, L. Guillet, Husson, Lallement, Charles Le Chatelier
de Loisy, Lordier, Schefer, Weill.

Mme Vve CH. DUNOD

49, Quai des Grands-Augustins, 49

PARIS

LES
ACIERS SPÉCIAUX

2ᵉ VOLUME

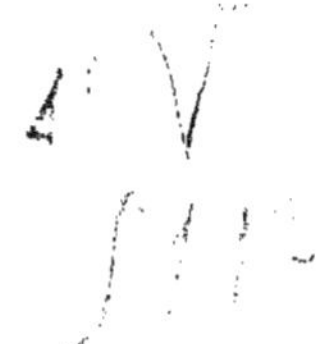

ANGERS

IMPRIMERIE ORIENTALE A. BURDIN ET Cⁱᵉ

4, RUE GARNIER, 4

LES
ACIERS SPÉCIAUX

2ᵉ VOLUME

ACIERS AU CHROME, AU TUNGSTÈNE, AU MOLYBDÈNE, A L'ÉTAIN

AU TITANE, AU VANADIUM, A L'ALUMINIUM, AU COBALT

PAR

M. LÉON GUILLET

DOCTEUR ÈS-SCIENCES

INGÉNIEUR DES ARTS ET MANUFACTURES

PRÉFACE

DE

M. HENRY LE CHATELIER

INGÉNIEUR EN CHEF DES MINES

PROFESSEUR A L'ÉCOLE NATIONALE DES MINES ET AU COLLÈGE DE FRANCE

PARIS VIᵉ

Vᵛᵉ CH. DUNOD

49, QUAI DES GRANDS-AUGUSTINS, 49

1905

PRÉFACE

—

Le nouveau volume que M. Guillet a bien voulu me charger de présenter au lecteur comprend des études sur les aciers au chrome, au tungstène, au molybdène, à l'étain, au titane, au vanadium, à l'aluminium et au cobalt. Il fait suite au premier volume du même auteur traitant des aciers au silicium, au manganèse, au nickel et est constitué par la réimpression d'articles publiés dans la *Revue de Métallurgie*, pendant les années 1904 et 1905. Les aciers employés pour ces recherches ont été étudiés bruts de forge, trempés et recuits. Les propriétés examinées ont été la structure micrographique, la ténacité, la limite élastique, l'allongement de rupture, la striction, la fragilité sur barreaux entaillés, la dureté à la bille de Brinell. Ces études, conduites d'une façon absolument systématique, ont porté sur des aciers à 0,2 et 0,8 de carbone avec des teneurs variables du métal étranger s'élevant jusqu'à 30 0/0 et parfois au delà.

Comme nous le disions dans la préface du premier volume, il ne faut pas demander à ces études des formules d'aciers spéciaux comportant une utilisation industrielle immédiate. Les recherches de science industrielle ne conduisent pas à des recettes empiriques. Leur but est tout autre. Un fabricant d'aciers spéciaux, après avoir fait dans ses usines un grand nombre d'essais industriels, se trouve souvent désorienté par la discordance des résultats obtenus. La trempe augmente la dureté d'un acier, elle en adoucit au contraire un autre. Le chrome diminue dans un cas les allongements, les augmente dans un autre. Les recherches de M. Guillet permettent de classer immédiatement ces résultats en apparence incohérents. Elles en donnent la véritable signification et permettent d'en tirer des conclusions qu'il eût été autrement difficile d'apercevoir.

A ce point de vue, il faut particulièrement signaler dans ces études l'allure si différente du carbure de fer simple (cémentite) et des carbures doubles (constituants spéciaux des aciers au chrome, au tungstène, etc.); les obstacles apportés à la diffusion du carbone par le chrome et surtout par l'aluminium; enfin l'hétérogénéité des aciers au vanadium, résultant de la faible densité des composés formés par ce métal avec le fer. On peut rappeler dans le même ordre d'idées les services rendus aux métallurgistes par les études sur les transformations du ferro-nickel à 25 0/0 de nickel. Dans le travail des usines, ce métal avait d'abord semblé indéfiniment capricieux et n'obéir à aucune règle fixe; il se montrait tantôt dur et fragile, tantôt malléable, sans aucune raison discernable. Une fois l'existence des deux variétés magnétique et non magnétique bien établie, ainsi que les conditions de leurs transformations mutuelles, toutes les anomalies observées se sont classées sans difficulté; elles ont en réalité cessé d'être des anomalies et il a été possible d'arriver à produire à coup sûr la variété non magnétique et malléable du ferro-nickel, qui est la seule intéressante au point de vue pratique.

Ce sont des services du même ordre qu'il faut demander aux études de M. Guillet. Elles seront sans doute mises à profit pendant de longues années encore, car on ne recommencera certainement pas d'ici longtemps des études d'aussi longue haleine et aussi coûteuses. Avec les recherches de Sir Lowthian Bell sur les hauts-fourneaux et de M. Hadfield sur les aciers spéciaux, elles constituent une des manifestations les plus brillantes de la science métallurgique. Elles ont suffi pour donner au nom de M. Guillet une notoriété justement méritée parmi tous les métallurgistes.

Il n'est que juste de rappeler ici le concours apporté à ces études par les aciéries d'Imphy, en se chargeant de la préparation des échantillons d'acier et par les usines de Dion et Bouton, en mettant à la disposition de l'auteur les moyens de travail nécessaires.

LES ACIERS AU CHROME

AVANT-PROPOS

Les aciers au chrome ont déjà fait l'objet de très nombreux mémoires. Ce sont certainement les aciers qui ont, avec ceux au nickel, le plus préoccupé les savants et les métallurgistes.

Nous rappellerons les travaux et les publications de M. Brustlein, de Boussaingault et de M. Hadfield.

Nous citerons tout particulièrement le mémoire de M. Osmond qui fut publié au *Mémorial de l'Artillerie* en 1893.

Enfin, à l'Exposition de 1900, les aciéries Jacob Holtzer présentèrent un travail d'ensemble particulièrement intéressant sur ces aciers. Nous ajouterons, que, à propos de son travail sur les aciers au nickel, M. Dumas indique quelques propriétés des aciers au chrome.

Dans son étude des aciers chromés, M. Osmond étudie par la micrographie quelques échantillons contenant de 0,29 à 9 0/0 de chrome, mais de teneur en carbone extrèmement variable. Ces échantillons avaient servi à l'étude de M. Hadfield; c'est dire que celle-ci contient des résultats peu comparables entre eux, puisque les aciers qui ont été utilisés renferment de 0,160 à 0,700 0/0 C.

Suivant le programme général que nous nous sommes imposé, nous avons étudié deux séries d'aciers au chrome, l'une peu carburée, l'autre dans le voisinage de 0,800 de carbone; nous en avons d'abord fait la micrographie, puis nous avons déterminé les propriétés mécaniques de ces aciers.

Le tableau suivant, donne l'analyse des aciers au chrome que nous avons utilisé dans notre étude, ces aciers ont été fabriqués à l'usine d'Imphy. Les analyses ont été faites au laboratoire de cette usine.

Analyses des aciers au chrome.

SÉRIE I					
C	Cr	Si	S	Ph	Mn
0,015	0,703	0,971	traces	0,015	traces
0,078	1,20-	0,700	—	0,016	—
0,214	1,502	0,232	0,008	0,029	—
0,071	7,835	0,120	0,011	0,010	—
0,111	9,117	0,578	0,107	0,015	
0,151	10,152	0,200	0,028	0,006	—
0,112	15,603	0,210	0,015	0,010	—
0,382	14,522	0,469	0,011	0,013	
0,210	22,006	0,527	traces	0,011	—
0,244	25,306	0,256	0,013	0,020	0,108
0,164	31,746	0,373	0,006	0,024	traces

SÉRIE II					
C	Cr	Si	S	Ph	Mn
0,862	0,719	0,243	0,017	0,013	0,027
0,971	0,986	0,221	0,016	0,013	0,244
0,887	2,144	0,280	0,033	0,026	0,108
0,780	1,776	0,120	0,025	0,016	traces
0,830	7,279	0,404	0,032	0,018	0,056
0,7..	1,376	0,882	0,036	0,024	traces
0,161	7,129	0,404	0,617	0,013	0,056
0,771	[illegible]	0,486	0,058	0,008	traces
0,..	13,673	2,145	0,007	0,010	.
0,..	26,712	2,484	0,008	0,016	—
0,916	32,504	0,569	0,012	0,021	—
0,828	[illegible]	0,326	0,013	0,026	—

1° Aciers bruts de forge.

Micrographie. — Dans le mémoire déjà cité, M. Osmond est arrivé aux conclusions suivantes : le chrome peut exister dans l'acier sous trois états au moins séparément ou simultanément : 1° à l'état de chrome dissous; 2° à l'état de composé de fer, de chrome et de carbone sous forme de globules isolés ; 3° au même état sous forme de dissolution solide.

Les réactifs que nous avons utilisés sont : 1° l'acide picrique pour les aciers à faible teneur en chrome ; 2° le bisulfate de potassium ou l'acide chlorhydrique à partir de 9 0/0 de chrome.

Voici les résultats auxquels nous sommes arrivés en examinant les deux séries d'aciers au chrome.

Série I. — Les aciers renfermant de 0 à 7 0/0 de chrome, ont même constitution que les aciers au carbone ordinaires. Toutefois on note un fait particulièrement intéressant et déjà signalé par M. Osmond, que les grains de ferrite deviennent de plus en plus petits au fur et à mesure que la quantité de chrome

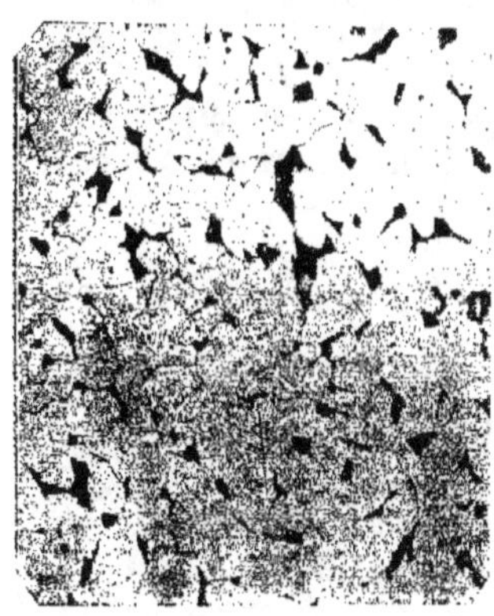

Fig. 1. — C = 0,043   Cr = 0,703.
Brut de forge
G = 200 d.

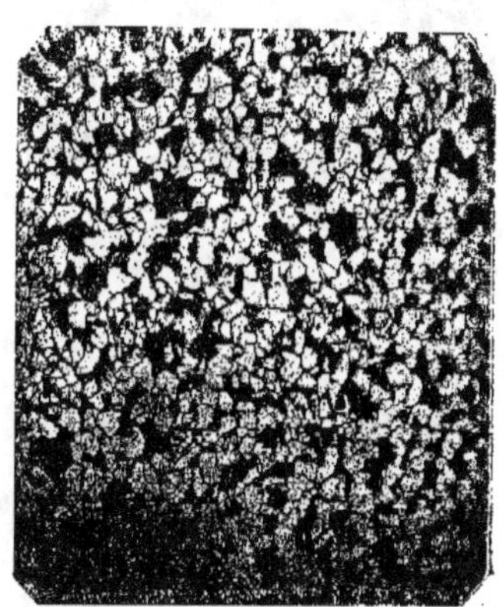

Fig. 2. — C = 0,214   Cr = 4,502
Brut de forge
G = 200 d.

renfermée dans l'acier augmente. Cette remarque faite déjà par M. Osmond montre que le chrome gêne la cristallisation du fer. Ceci avait d'ailleurs été noté par M. Brustlein (fig. 1 et 2).

A partir de 7 0/0 les aciers sont martensitiques. Il en est ainsi jusqu'à 13,6 0/0 de chrome (fig. 3).

A ce pourcentage, on voit paraître des polyèdres assez mal définis qui sont bordés de grains blancs très petits (fig. 4). Les polyèdres attaqués non pas à l'acide picrique mais au bisulfate laissent voir une martensite très fine ; quant aux grains brillants qui les entourent, nous verrons que c'est un carbure double de fer et de chrome.

Lorsqu'on augmente la quantité de chrome contenu dans l'acier on remarque des points blancs de plus en plus nombreux qui entourent toujours des polyèdres dans lesquels il n'est plus possible de faire apparaître de la martensite.

A 20 0/0 ces points brillants entourent toujours des polyèdres assez nets ; à 25 0/0 ils forment autour des polyèdres des amas blancs et ils commencent à se répandre dans l'intérieur des polyèdres (fig. 5). Certains affectent des formes

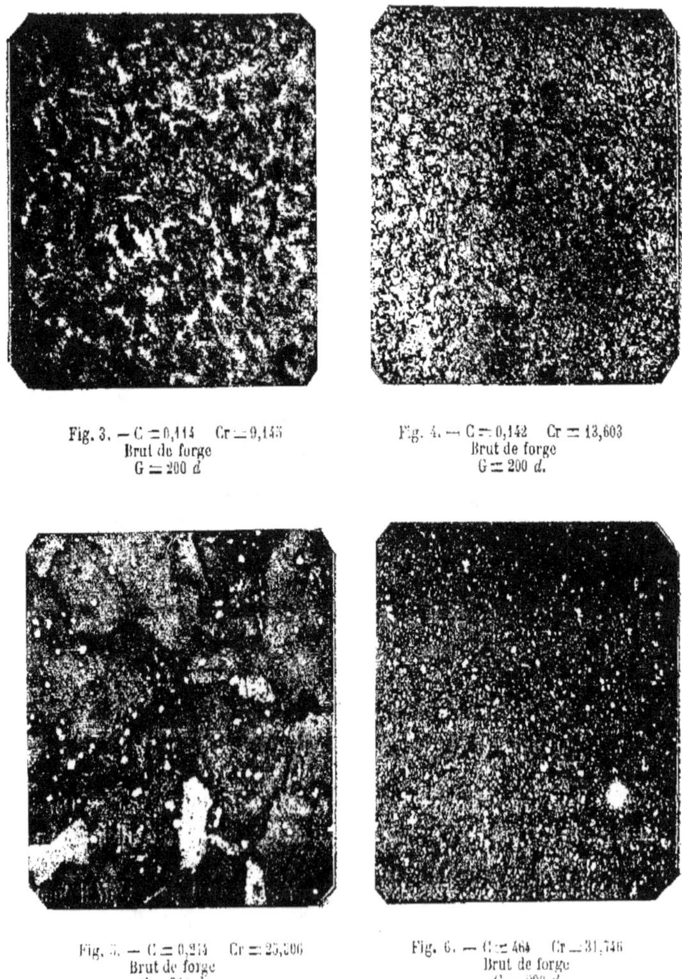

Fig. 3. — C = 0,114   Cr = 9,145
Brut de forge
G = 200 d

Fig. 4. — C = 0,142   Cr = 13,603
Brut de forge
G = 200 d.

Fig. 5. — C = 0,214   Cr = 25,506
Brut de forge
G = 200 d

Fig. 6. — C = 464   Cr = 31,746
Brut de forge
G = 200 d.

très régulières. A partir de ce moment, l'image est comparable à un beau ciel étoilé, ainsi que l'a fait remarquer M. Osmond (fig. 6).

Dans quelques micrographies, on ne voit pas nettement les bord des polyèdres. Il est d'ailleurs nécessaire de faire remarquer que la disposition présentée par les grains doit dépendre de la préparation de l'échantillon, et notamment de la température de laminage de l'acier. Certaines micrographies que nous examinons plus loin le prouvent nettement.

Dans cette première série, nous voyons la subdivision suivante :

Aciers contenant de 0 à 7 0/0 de chrome. — Aciers ayant même structure que les aciers au carbone.

Aciers contenant de 7 à 20 0/0 de chrome. — Aciers martensitiques.

Aciers contenant plus de 20 0/0 de chrome. — Aciers renfermant un constituant spécial aux aciers au chrome.

De plus le deuxième groupe se partage en trois parties distinctes :

1° De 7 à 8 0/0. — Fer α et martensite.

2° De 10 à 13 0/0. — Martensite pure.

3° De 13 à 20 0/0. — Martensite et constituant spécial.

Série II. — Les aciers renfermant de 0 à 5 0/0 de carbone ont même structure que les aciers au chrome, mais la perlite se rapproche de celle des aciers au

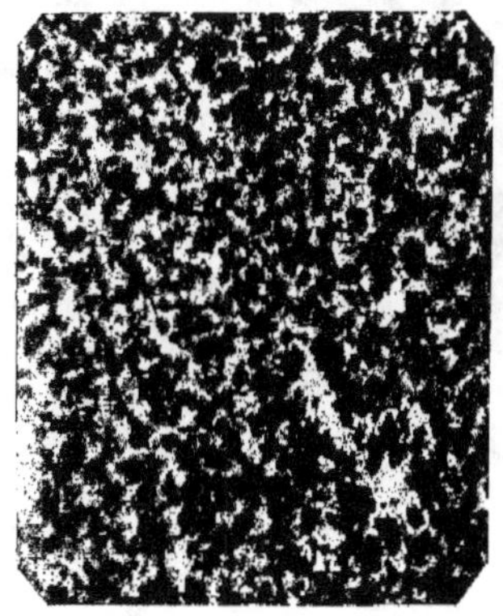

Fig. 7. — C = 0,840   Cr = 7,279
G = 200 d.

manganèse, c'est-à-dire qu'elle est plus compacte que dans les aciers au chrome.

L'acier renfermant 7 0/0 de chrome présente le même aspect que l'acier au manganèse renfermant 0.800 de carbone et 5 0/0 de manganèse (fig. 7). C'est dire qu'il montre des rognons très faciles à colorer par l'acide picrique ou l'acide azotique et qui se rapprochent énormément de la troostite ; nous verrons qu'ils doivent être considérés comme tels.

Si l'on attaque l'acier à 9 0/0 de chrome par l'acide picrique, on obtient simplement un réseau coloré en noir foncé dès le commencement de l'attaque (fig. 8.). En laissant l'acide picrique réagir longtemps on aperçoit vaguement un peu de martensite dans les espaces polyédriques. Mais, si l'on fait agir le bisulfate, on voit apparaître de suite de nombreux fers de lance colorés en noir foncé (fig. 9).

Cette martensite possède certainement des caractères spéciaux puisqu'elle apparaît à peine sous l'action de l'acide picrique au contraire de la martensite des aciers au carbone.

L'acier contenant 14,5 0/0 de chrome donne des résultats qui sont en tous points analogues, mais la martensite qui apparaît dans les cellules est beaucoup plus clairsemée. Lorsque la teneur en chrome atteint 18,6 0/0, on voit de plus apparaître les points blancs du constituant spécial.

Le pourcentage du chrome allant en augmentant, les points blancs augmentent de plus en plus pour former dans l'acier à 36 0/0 de chrome de véritables plages blanches dans lesquelles on distingue très nettement cependant les contours des petits grains (fig. 10 et 11).

On ne voit plus de martensite.

Pour les aciers de la 2ᵉ série, nous trouvons la subdivision suivante :

De 0 à 5 0/0 de chrome. — Aciers à même structure que les aciers au carbone.

De 5 à 18 0/0 de chrome. — Aciers à structure martensitique et renfermant des rognons de troostite.

Teneur en chrome supérieure à 18 0/0 de chrome. — Aciers renfermant le constituant spécial déjà observé dans la série peu carburée.

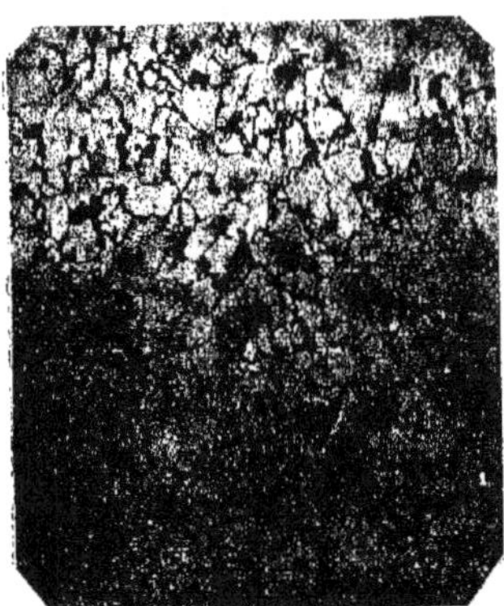

Fig. 8. — C = 0,751   Cr = 9,576
Brut de forge
attaque à l'acide picrique
G = 200 d.

De plus le second groupe se subdivise toujours en trois parties, aciers à fer z et martensite ; aciers à martensite et troostite ; aciers à martensite, troostite et carbure double.

Nous avons fait des observations sur de nombreux autres aciers au chrome bruts de forge.

Parmi ces observations, nous attirerons plus particulièrement l'attention sur l'acier à 0,49 0/0 de carbone, 30 0/0 de chrome qui présente des polyèdres très nets et les grains brillants rangés en lignes parallèles (fig. 12).

EN RÉSUMÉ, si nous examinons micrographiquement les aciers bruts de forge au chrome, nous notons comme constituants :

1° Les constituants ordinaires des aciers au carbone pour les aciers contenant le moins de chrome ;

2° La martensite : dans les aciers les moins riches en chrome, elle apparaît sous l'action des mêmes réactifs que ceux employés pour les aciers au carbone ; dans les aciers riches en chrome, on ne peut la mettre en vue qu'en attaquant avec du bisulfate de potassium ou mieux à l'acide chlorhydrique ;

3° Un constituant spécial aux aciers au chrome lequel apparaît en points brillants par l'attaque au bisulfate et qui est un carbure double de fer et de chrome ;

4° Un produit qui ne doit pas être autre que de la troostite ; ce constituant

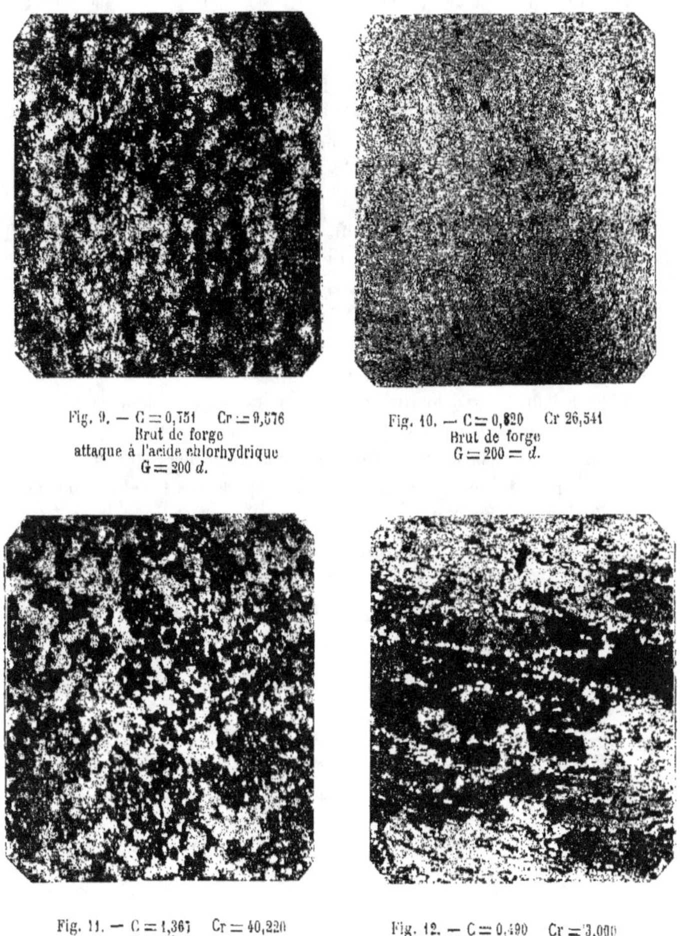

Fig. 9. — C = 0,751   Cr = 9,576
Brut de forge
attaque à l'acide chlorhydrique
G = 200 d.

Fig. 10. — C = 0,820   Cr 26,541
Brut de forge
G = 200 = d.

Fig. 11. — C = 1,367   Cr = 40,220
brut de forge
G = 200 d.

Fig. 12. — C = 0,490   Cr = 3.000
Brut de forge
G = 200 d.

n'existe que dans les aciers très carburés et s'y substitue jusqu'à un certain point à la martensite. Il disparaît par une trempe à 850°.

La constitution des aciers au chrome peut être résumée dans le tableau suivant :

	1re Série	2e Série
1re Classe : même constituant que les aciers au carbone ordinaires	de 0 à 7 0/0 Cr	de 0 à 5 0/0
2e Classe : structure martensitique	de 7 à 20 0/0 Cr	de 5 à 18 0/0
3e Classe : structure spéciale aux aciers au chrome	Teneur en Cr > 20 0/0	Cr > 18 0/0

Mais il faut admettre que les aciers de la 2ᵉ classe peuvent prendre lorsqu'ils sont très carburés la structure de la troostite et, de plus, qu'ils se subdivisent comme il a été indiqué.

Les seuls doutes qui subsistent dans la micrographie des aciers au chrome sont relatifs au carbure double de fer et de chrome. A ce point de vue, je rappellerai que dans leurs travaux sur la constitution des aciers, MM. Carnot et Goutal ont isolé des aciers au chrome différents composés définis.

Dans des ferro-chromes à 57 et 59 0/0 de chrome, il a été isolé un carbure double correspondant à peu près à la formule $Fe^3 C, 3 Cr^2 C^2$.

Il faut rappeler que l'existence du carbure $Cr^3 C^2$ ne saurait être mise en doute, puisqu'il a été obtenu par M. Moissan au four électrique. Dans des aciers à faible teneur en chrome (2 0/0 environ), MM. Carnot et Goutal ont isolé avec quelques difficultés un carbure $2 Fe^3 C, Cr^3 C^2$. Il faut noter de plus que M. Williams a obtenu au four électrique plusieurs carbures doubles de fer et de chrome : $3 Fe^3 C, 2 Cr^2 C^2$; $2 Fe^3 C, 3 Cr^3 C^2$.

Il nous a semblé nécessaire d'entreprendre de nouvelles recherches sur ce sujet et nous espérons que des expériences actuellement en cours nous permettront de fixer d'une façon définitive la composition du carbure double qui caractérise l'une des classes des aciers au chrome.

En tous les cas, nous pouvons d'ores et déjà affirmer que ce produit est bien un carbure, comme le démontrent nettement les expériences de cémentation que nous décrivons plus loin.

B. — Essais mécaniques.

Comme dans nos études précédentes, les essais mécaniques que nous avons effectués sont des essais à la traction, au choc et à la dureté; ces expériences ont été effectuées dans les conditions que nous avons indiquées précédemment.

Essais à la traction.

SÉRIE I

Carbone	Chrome	R	E	A 0/0	Σ
0,043	0,905	35,4	22,6	25	74,3
0,028	1,207	56,5	42,9	14	58,2
0,214	4,502	60,3	56,5	15,55	62,4
0,071	7,835	150,6	99,7	3,5	7,5
0,155	9,115	143,1	129,6	2	4,5
0,154	10,436	139,3	101,7	1	0
0,142	13,603	86,6	50,4	1,5	7,5
0,582	14,522	140,1	89,3	2	7,2
0,210	22,060	65,7	89,5	13	24,5
0,247	25,306	77,3	49,4	17,5	52,5
0,064	31,716	57,5	43,3	12	50,4

Fig. 1.

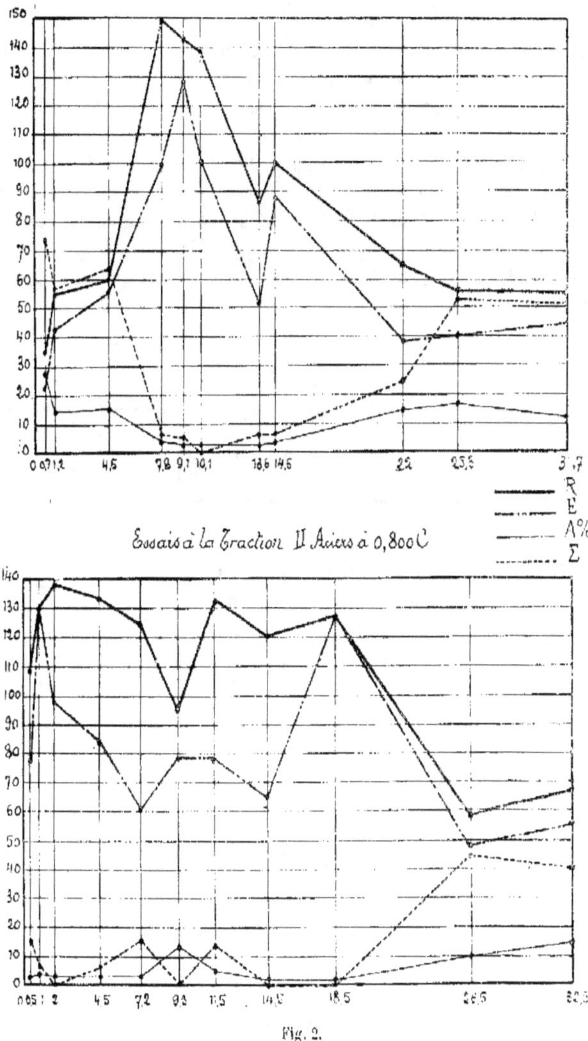

Fig. 2.

Ces résultats classent déjà les aciers au chrome à faible teneur en carbone en trois groupes :

1re classe : De 0 à 7 0/0 de chrome. — Aciers ayant mêmes propriétés que les aciers au carbone ordinaires, mais ayant une charge de rupture d'autant plus élevée qu'ils contiennent plus de chrome;

2ᵉ classe : De 7 à 22 0/0 de chrome. — Aciers à très hautes charges de rupture, à très hautes limites élastiques, à faibles allongements et à faibles strictions;

3ᵉ classe : Au delà de 22 0/0 de chrome. — Aciers à charge de rupture moyenne, limite élastique relativement basse, à allongements et strictions assez élevés. L'acier à 22 0/0 forme le terme de passage entre la 2ᵉ et la 3ᵉ classe. L'essai à la traction rapproche ces produits des aciers à haute teneur en nickel et en manganèse.

Nous ajouterons que les aciers renfermant de 25 à 30 0/0 de chrome donnent des cassures très spéciales; on aperçoit à la périphérie des grains brillants tandis que le centre est terne. De plus, l'éprouvette présente sur la surface de très nombreux plissements.

Il est à remarquer que tous ces aciers ont des limites élastiques très accusées.

Essais à la traction.

SÉRIE II

Carbone	Chrome	R	E	A 0/0	Σ
0,965	0,519	109,2	79,1	2,5	16,6
0,973	0,986	131,8	131,8	3,5	7,5
0,887	2,141	139,3	97,9	2,5	0
0,789	4,570	133,3	84,4	3	7,5
0,840	7,279	124,3	60,2	3	17,6
0,751	9,376	94,1	79,1	13	0
0,961	11,521	132,5	79,1	5	14,7
0,741	14,538	120	65,5	1	0
0,965	18,650	128,0	128,0	0,5	0
0,820	26,541	59,3	48,9	10	45,1
0,916	32,560	67,8	56,4	13	40,8

Les aciers renfermant 36 à 40 0/0 de chrome n'ont pu être essayés, ils présentent de très nombreuses pailles.

Ces essais divisent les aciers au chrome fortement carburés en trois classes :

1ᵒ Aciers contenant de 0 à 5 0/0 de chrome, mêmes propriétés que les aciers au carbone, à charge de rupture et à limite élastique d'autant plus élevées que le chrome s'y trouve en quantité plus grande;

2ᵒ Aciers renfermant de 5 0/0 à 18 0/0 de chrome, ayant des charges de rupture élevées, des limites élastiques relativement basses;

3⁰ Aciers renfermant plus de 18 0/0 de chrome, ayant une charge de rupture et une limite élastique plutôt basses, de belles strictions. Comme pour les aciers peu carburés, cette troisième classe se rapproche des aciers à haute teneur en nickel ou en chrome.

Essais au choc (Méthode Frémont) et à la dureté (Méthode Brinell).

SÉRIE 1

Carbone	Chrome	Nombre de kilogrammètres	Chiffres de Brinell
0,043	0,703	32	95
0,059	1,207	20	134
0,214	4,502	25	160
0,071	7,835	9	364
0,111	9,145	10	351
0,104	10,125	9	387
0,142	13,603	3	277
0,382	14,532	3	241
0,210	22,060	2	170
0,244	25,806	1	179
0,464	31,746	1	156

On retrouve dans cette série les trois classes indiquées pour les aciers à la traction :

1ʳᵉ classe : De 0 à 7 0/0 de chrome. — Aciers non fragiles;

2ᵉ classe : De 7 à 22 0/0 de chrome. — Aciers présentant une résistance au choc moyenne.

3ᵉ classe : Au delà de 22 0/0. — Aciers fragiles.

Si nous rapprochons ces résultats de ceux donnés par les essais à la traction, nous voyons ce point particulièrement intéressant et sur lequel nous ne saurions trop insister : que les aciers de la 3ᵉ classe qui sont très fragiles présentent cependant à la traction des allongements assez élevés et de très belles strictions.

Ceci démontre nettement que les essais au choc donnent des résultats autres que ceux fournis par les essais à la traction. Nous ferons de plus remarquer que les aciers martensitiques ne présentent pas une grande fragilité, ce point a son intérêt industriel.

Les essais à la dureté nous font retrouver les trois classes de tout à l'heure ;

1ʳᵉ classe : Aciers de dureté peu élevée, cette dureté allant en augmentant avec le chrome;

2ᵉ classe : Aciers de dureté très élevée;

Fig. 3.

Essais au Choc

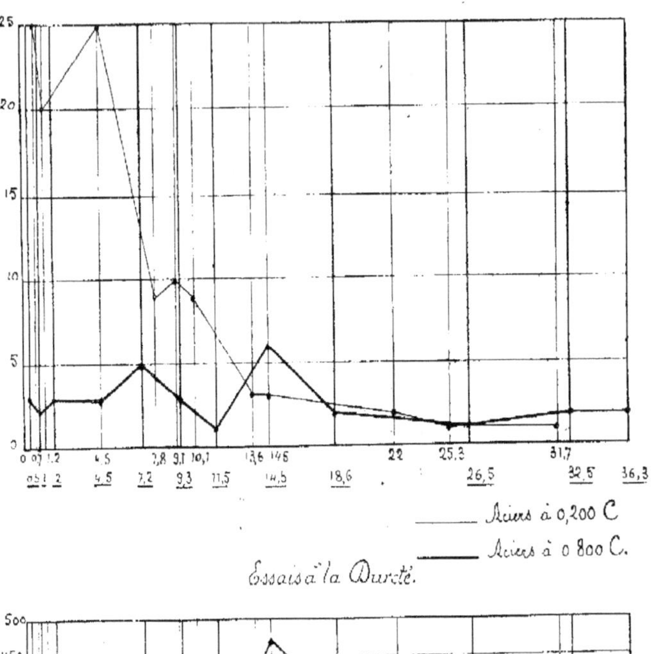

Essais à la Dureté.

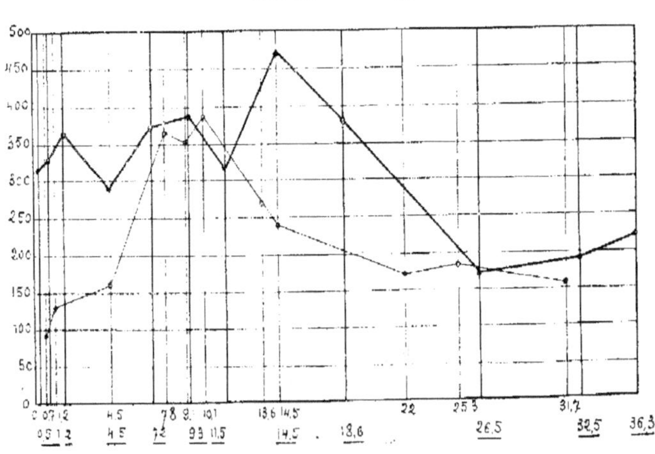

Fig. 4.

3ᵉ classe : Aciers à dureté moyenne et à peu près constante quel que soit le pourcentage du chrome.

Essais au choc (méthode Frémont) et à la dureté (méthode Brinell).

SÉRIE II

Carbone	Chrome	Nombre de kilogrammètres	Chiffres de Brinell
0,885	0,519	3	310
0,973	0,986	2	332
0,887	2,141	3	364
0,789	4,576	3	293
0,840	7,279	5	377
0,751	9,376	3	387
0,961	11,524	1	321
0,741	14,538	6	477
0,903	18,850	2	387
0,820	26,541	1	170
0,918	32,560	2	187
0,838	36,340	2	228

On voit que tous ces aciers sont fragiles. On note cependant que l'acier à 14 0/0 présente une moins grande fragilité que les autres.

On voit que les essais à la dureté ne montrent ici nettement que deux classes :

1re classe : Aciers très durs comprenant les aciers contenant de 0 à 18,6 0/0 de chrome.

2e classe : Aciers à dureté moyenne renfermant plus de 18,6 0/0 de chrome.

CONCLUSIONS

La micrographie et les propriétés mécaniques des aciers au chrome bruts de forge permettent de diviser ces produits en trois classes caractérisées par les propriétés suivantes :

1re classe : Aciers à même structure que les aciers au carbone. Ces aciers offrent une résistance à la rupture et une limite élastique d'autant plus élevées qu'ils contiennent plus de chrome; les allongements et les strictions restent élevés, quelle que soit la dose de chrome. Leur dureté croît avec le pourcentage de chrome et de carbone, elle est toujours plus élevée que dans les aciers ordinaires à la même dose de carbone;

2e classe : Aciers à structure martensitique. Lorsque ces aciers sont très carburés, ils présentent plutôt de la troostite que de la martensite. Ces aciers

sont à charge de rupture et limite élastique élevées, à faibles allongements et
strictions; lorsqu'ils sont peu carburés, ils présentent une résistance moyenne
au choc (40 kilogrammètres environ). Ils sont durs;

3° classe : Aciers à structure spéciale montrant de nombreux points blancs
formés par un carbure double de fer et de chrome. Ces aciers ont une charge de
rupture et une limite élastique relativement basses. Ils présentent des allongements et des strictions assez élevés. Ils sont cependant très fragiles. Leur dureté
est faible.

2° Aciers trempés.

Deux séries d'essais ont été faites en vue d'étudier l'influence de la trempe.
Dans la première, la température de trempe était de 850 degrés; le bain de
trempe, de l'eau à + 20 degrés. Dans la seconde, la température de trempe était
de 1.200 degrés; le bain de trempe était formé par de l'eau ou du mercure à

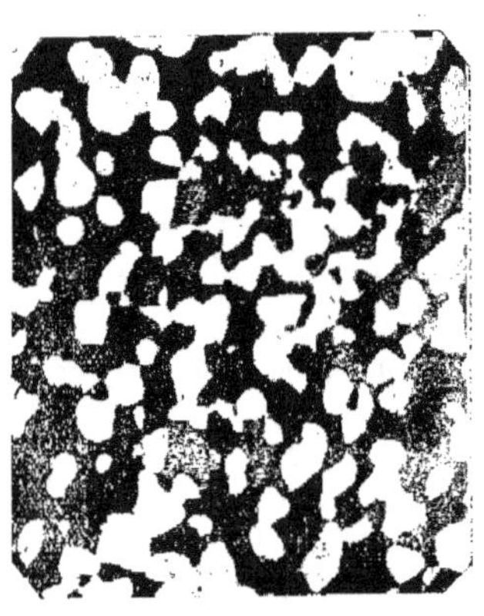

Fig. 13. — C = 0,210   Cr = 22,060
Trempé à l'eau
G = 200 d.

Fig. 14. — C = 0,244   Cr = 25,306
Trempé à l'eau
G = 200 d.

+ 20 degrés; dans certains cas on a laissé simplement refroidir dans un courant
d'air.

Micrographie. — Les aciers perlitiques éprouvent dans ces différentes
trempes les mêmes modifications que les aciers au carbone.

Les aciers martensitiques trempés à 850 degrés n'éprouvent que de faibles
modifications provenant de la formation de fer γ; mais lorsqu'on fait la même
opération à 1.200 degrés; il se forme du fer γ, en quantité d'autant plus grande
que la teneur en carbone est plus élevée.

Mais les aciers qui présentent le plus grand intérêt dans l'étude de l'influence des traitements sont certainement ceux renfermant le carbure double.

Une trempe à des températures comprises entre 830 et 1.150 degrés n'amène aucune modification; au contraire la trempe à 1.200 degrés à une action d'autant plus nette, d'autant plus marquée que la vitesse de refroidissement est plus grande. Nous étudierons en détails quelques exemples.

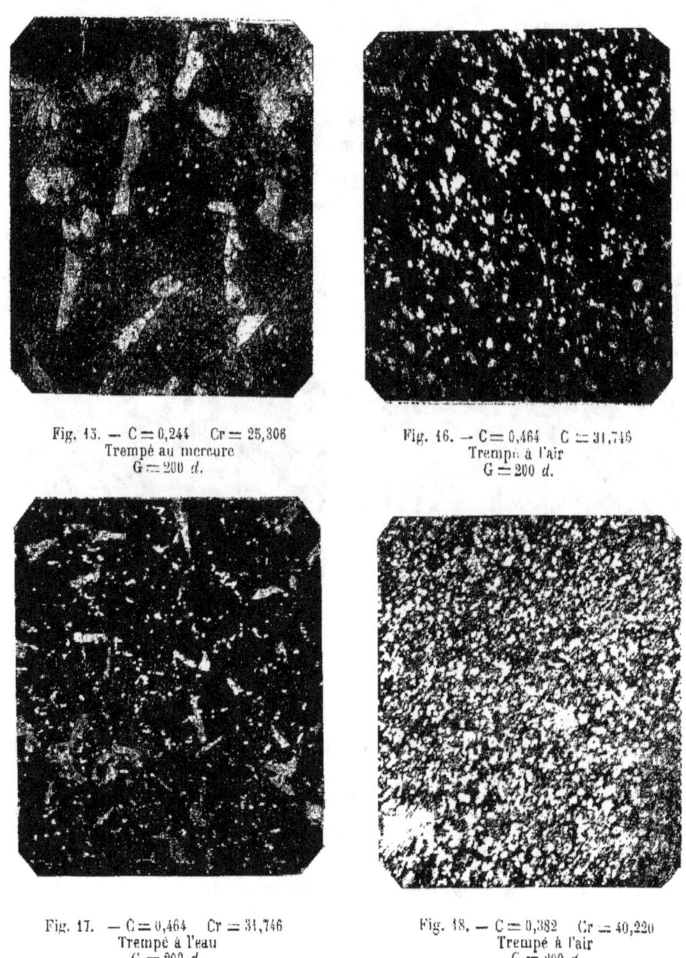

Fig. 15. — C = 0,244   Cr = 25,806
Trempé au mercure
G = 200 d.

Fig. 16. — C = 0,464   C = 31,746
Trempé à l'air
G = 200 d.

Fig. 17. — C = 0,464   Cr = 31,746
Trempé à l'eau
G = 200 d.

Fig. 18. — C = 0,382   Cr = 40,220
Trempé à l'air
G = 200 d.

Prenons d'abord l'acier renfermant 0,240 0/0 de carbone et 22,06 0/0 de chrome; cet acier présente à l'état brut une micrographie assez caractéristique, formée par des polyèdres entourés par les petits grains blancs du carbure double.

Si l'on porte cet acier à la température de 1.200 degrés et qu'on le refroidit à l'air; on note que les grains blancs sont devenus plus confus et qu'on les distingue moins aisément. Si on fait la trempe de cet acier à 1.200 degrés dans l'eau ou le mercure, on n'aperçoit plus de ces grains blancs; on voit apparaître de grandes taches blanches qui, comme nous le verrons, sont probablement du fer? (fig. 13). De plus, on voit par place un eutectique.

L'acier à 0,244 0/0 de carbone et 25,3 0/0 de chrome donne des résultats semblables; à la trempe à 1.200 degrés fait apparaître des taches blanches qui semblent croître avec la vitesse de refroidissement; c'est ainsi que la trempe au mercure donne des taches blanches plus nombreuses que la trempe à l'eau (fig. 14 et 15). Mais comme ici l'acier contient une quantité plus grande de chrome et par conséquent, de carbure, une partie de ce carbure échappe à l'action de la trempe et cela d'autant plus que la vitesse de refroidissement est moins grande; c'est ainsi

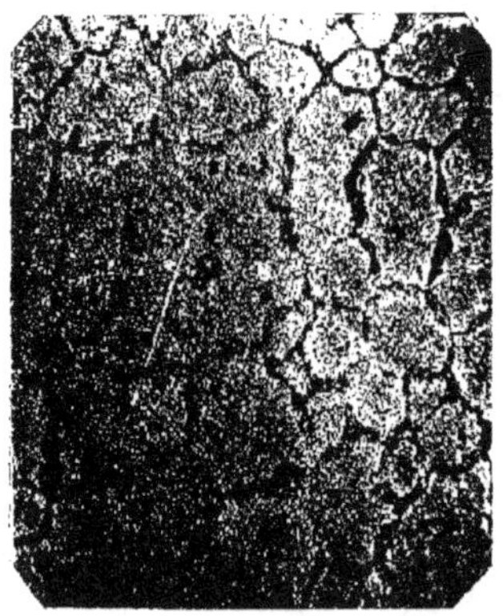

Fig. 19. — C = 0,820   Cr = 26,541
Trempé à l'air
G = 200 d.

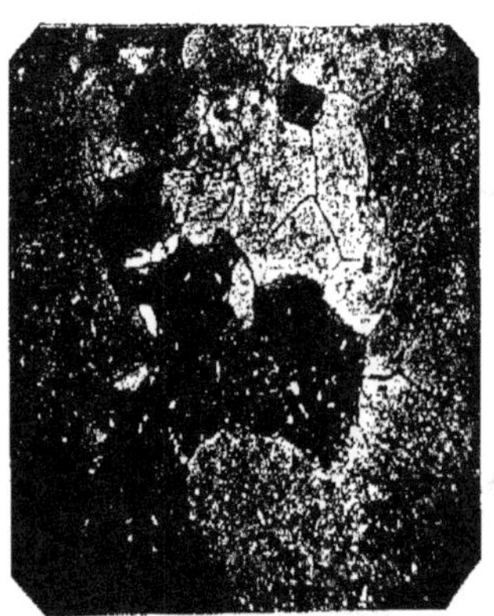

Fig. 20. — C = 820   Cr = 26,541
Trempé à 1200° à l'eau
G = 200 d.

que les micrographies de cet acier trempé à 1.200 degrés à l'eau ou au mercure se différencient, non seulement par l'importance des plages blanches, mais aussi par la quantité de carbure restant après trempe, laquelle est beaucoup moindre dans le cas de la trempe au mercure.

Un acier à 0,464 0/0 de carbone et 31,7 0/0 de chrome, qui brut de forge, présente un très grand nombre de points blancs montre après trempe à l'air à 1.800 degrés les mêmes points blancs, mais plus denses, plus localisés (fig. 16).

Après trempe à l'eau ou au mercure à 1.200 degrés les points blancs ont diminué considérablement et on note les grandes zones blanches déjà signalées (fig. 17).

Pour des aciers plus riches en chrome les grains blancs subsistent (fig. 18).

Si nous considérons des aciers plus riches en carbone nous allons rencontrer des phénomènes analogues à ceux que nous venons de décrire.

Prenons l'acier à 0.820 de carbone et 26,5 0/0 de chrome; brut de forge, il présente de très nombreux points blancs, répartis d'une façon non uniforme dans la masse. Porté à 1.200 degrés et refroidi dans un courant d'air il montre que les grains se sont accumulés formant en quelque sorte les bords de polyèdres qui, eux, semblent remplis d'un eutectique (fig. 19). Trempé à 1.200 degrés dans l'eau

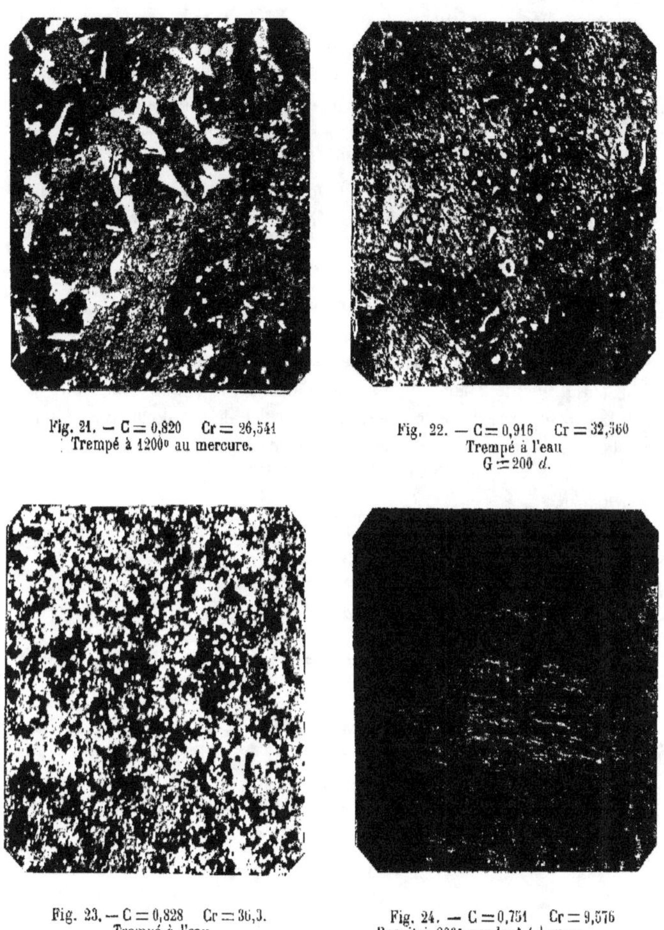

Fig. 21. — C = 0,820   Cr = 26,541
Trempé à 1200° au mercure.

Fig. 22. — C = 0,916   Cr = 32,360
Trempé à l'eau
G = 200 d.

Fig. 23. — C = 0,828   Cr = 36,3.
Trempé à l'eau
G = 200 d.

Fig. 24. — C = 0,751   Cr = 9,576
Recuit à 900° pendant 4 heures
G = 200 d.

froide, il ne présente plus que des points blancs assez rares, mais des polyèdres sont nettement dessinés; leurs bords sont devenus extrêmement fins et même on voit apparaître quelques taches blanches (fig. 20).

Enfin si l'on augmente encore la vitesse de refroidissement en trempant toujours à 1.200 degrés, mais dans du mercure nous faisons disparaître un grand nombre de points blancs; les polyèdres sont nettement dessinés et enfin les taches blanches apparaissent très nombreuses et très caractéristiques (fig. 21).

Un acier à 0,916 0/0 C et 32,5 0/0 de chrome a donné des résultats semblables (fig. 22).

Mais un acier plus riche, renfermant 0,828 0/0 de carbone et 36,3 0/0 de chrome présentent une particularité. Brut de forge, ce produit montre des points blancs répartis d'une façon très homogène dans la masse; trempé à 1.200 degrés à l'air, ces points blancs se rassemblent, quelques taches blanches apparaissent et la proportion des parties blanches augmente nettement. Si l'on accélère le refroidissement en trempant à l'eau ou au mercure, elles prennent une importance encore plus grande; elles envahissent la presque totalité de la représentation. Mais — point particulièrement important — ces taches blanches ne sont pas homogènes; dans chacune d'elles on peut distinguer nettement des petits grains blancs en tous points semblables à ceux que l'on rencontre dans le même acier brut de forge (fig. 23).

De toutes ces recherches nous devons conclure que :

1° Le carbure double se dissocie ou se dissout à une température d'environ 1.200 degrés. En effet une trempe assez vive à cette température peut le faire disparaître partiellement ou totalement suivant la quantité contenue.

2° Les aciers à carbure double trempés à 1.200 degrés donnent naissance à des taches blanches qui sont d'autant plus importantes que la vitesse de refroidissement est plus grande. Nous tâcherons de définir plus loin la nature de ces taches blanches.

Propriétés mécaniques. — Nous avons tout d'abord étudié l'influence que pouvait avoir la trempe à 850 degrés dans l'eau à + 20 degrés sur les différents aciers au chrome.

1° *Essais à la traction.*

SÉRIE T

COMPOSITION		R	E	A 0/0	Σ
Carbone	Chrome				
0,043	0,703	66,4	44,4	6	28,7
0,058	1,207	64,7	37,6	5,5	37,2
0,214	4,502	99,4	99,4	1	25,7
0,071	7,835	76,8	52,7	2,5	6,2
0,114	9,145	114,5	114,5	2,5	0
0,154	10,136	76,8	76,8	5	48,7
0,142	13,603	67,7	50,4	12,5	55,2
0,382	14,522	76,8	50,4	9	46,5
0,210	22,060	65,7	39,7	15	10,7
0,244	25,306	76,5	26,3	15,5	49,9
0,265	31,740	50,5	33,9	15	49,9

Ces résultats montrent que :

1° Les aciers perlitiques sont notablement durcis par la trempe, plus qu'ils ne le seraient s'ils ne contenaient pas de chrome ;

Fig. 5.

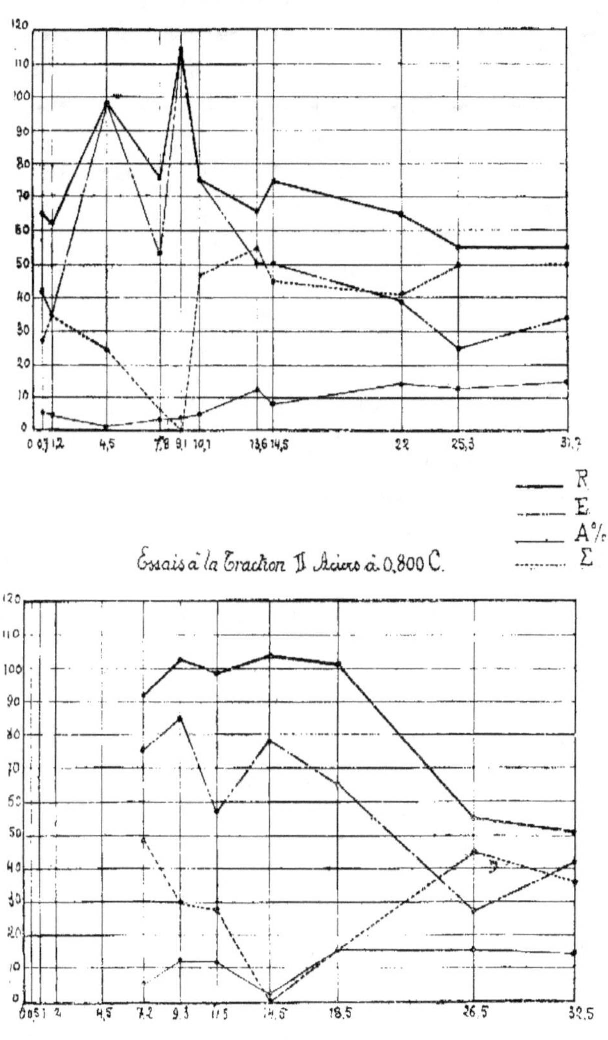

Fig. 6.

2° Les aciers martensitiques sont au contraire adoucis par la trempe ; ceci provient, sans nul doute, de la production de fer γ ;

3° Les aciers à carbure double n'éprouvent aucune sraformation notable dans la charge de rupture mais la limite élastique est nettement abaissée.

SÉRIE II

Le tableau suivant donne le résultat des essais à la traction pour la 2ᵉ série.

COMPOSITION		R	E	A 0/0	Σ
Carbone	Chrome				
0,865	0,519				
0,973	0,986		Tous ces aciers ont « tapé »		
0,887	2,444				
0,789	4,570		dans la trempe.		
0,840	7.279	91,9	77,4	6	49,4
0,751	9,376	102,6	85,9	11.3	29,9
0,961	11,524	99,4	58,0	11,0	28,4
0,741	14,538	103,2	79,1	1,5	0
0,903	18,650	101,7	67,7	17,6	17,6
0,820	26,341	56,5	28,9	17,5	44,3
0,916	32,560	50,3	41,9	17	37,2

De ces résultats on peut conclure que :

1° Les aciers martensitiques sont nettement adoucis par la trempe à 850 degrés ;

2° Les aciers à carbure double le sont aussi, mais d'une façon moins nette ; à ce point de vue les produits de cette classe se rapprochent encore des aciers au nickel ou au manganèse polyédriques.

2° Essais au choc (méthode Frémont) et à la dureté (méthode Brinell).

Les aciers de la 1ʳᵉ série ont donné les résultats suivants :

Ce tableau montre que :

1° Les aciers de la 1ʳᵉ classe sont d'autant plus fragiles et durs après trempe qu'ils contiennent plus de chrome ;

2° Les aciers martensitiques sont un peu moins fragiles après trempe ; leur dureté est généralement peu modifiée ;

3° Les aciers à carbure double ne sont pas sensiblement améliorés ; ils ont une dureté plutôt moindre.

En résumé on voit que : 1° Les aciers de la 1ʳᵉ classe sont très fragiles après trempe ; leur dureté a augmenté considérablement ;

2° Les aciers martensitiques ont toujours une grande fragilité ; ils sont extrêmement durs ;

SÉRIE I

COMPOSITION		Nombre de kilogrammètres	Chiffres de Brinell
Carbone	Chrome		
0,043	0,703	22	153
0,058	1,207	15	302
0,214	4,502	11	321
0,071	7,835	6	477
0,114	9,145	10	387
0,151	10,136	4	430
0,142	13,603	4	277
0,382	14,522	6	212
0,210	22,060	6	212
0,244	25,306	1	143
0,464	31,746	2	149

SÉRIE II

COMPOSITION		Nombre de kilogrammètres	Chiffres de Brinell
Carbone	Chrome		
0,865	0,519	0	512
0,973	0,986	0	555
0,887	2,141	0	512
0,789	4,570	1	555
0,840	7,279	1	773
0,751	9,376	2	578
0,961	11,521	1	600
0,741	14,538	1	532
0,903	18,630	1	493
0,820	26,541	0	126
0,946	32,560	0	181

3° Les aciers à carbure double sont toujours très fragiles ; ils sont moins durs après trempe.

Autres essais. — Nous avons cherché à nous rendre compte de l'influence

d'une trempe à 1.200 degrés sur les aciers à carbure double. Mais les essais que
nous avons faits en vue d'obtenir dans ces conditions des éprouvettes à la traction
ont été absolument infructueux ; toutes les éprouvettes ont « tapé ».

Fig. 7.

Essais au choc.

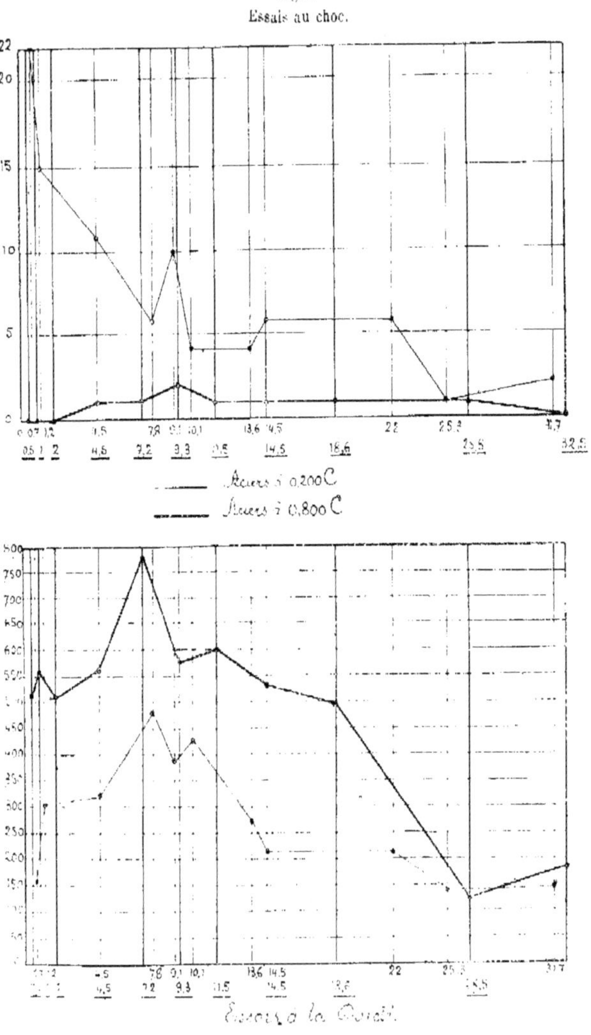

Fig. 8.

Nous avons alors porté notre attention sur les essais au choc et sur les
essais à la dureté.

Les essais au choc sur barrettes Frémont nous ont donné une légère amélioration.

C'est ainsi que l'acier à 0,820 0/0 de carbone et 26,541 0/0 de chrome qui donnait 1 kilogrammètre brut de forgé ou trempé à 850 degrés, a accusé 3 kilogrammètres, trempé à 1.200 degrés à l'eau ou au mercure; mais dès que la trempe n'a pas détruit complètement le carbure, la fragilité reste ce qu'elle était; c'est ainsi que même après trempe à 1.200 degrés, l'acier à 0,916 0/0 de carbone et 32,560 0/0 de chrome donne 1 kilogrammètre.

D'autre part les essais à la dureté ont donné des résultats intéressants :

L'acier à 0,905 0/0 de carbone et 18,650 0/0 de chrome a donné :

Brut de forge : 387. Trempé à 850 degrés : 495. Trempé à 1.200 degrés : 1° à l'air : 286 ; 2° à l'eau : 269 ; 3° au mercure : 241.

L'acier à 0,820 0/0 de carbone et 26,5 0/0 de chrome a donné :

Brut de forge : 170. Trempé à 850 degrés : 126. Trempé à 1.200 degrés : 1° à l'air : 160 ; 2° à l'eau : 134 ; 3° au mercure : 116.

L'acier à 0,916 0/0 de carbone et 32,5 0/0 de chrome a donné :

Brut de forge : 187 ; Trempé à 850 degrés : 183. Trempé à 1.200 degrés : 1° à l'air : 187 ; 2° à l'eau : 187 ; 3° au mercure : 192.

Ces résultats montrent que la trempe à 1.200 degrés adoucit généralement les aciers à carbure double et cela d'une façon d'autant plus notable que la vitesse de refroidissement est plus grande ; cependant quand le carbure est en quantité assez importante, et quand, par là même, la trempe à 1.200 degrés n'en fait pas disparaître la plus grande partie on ne trouve pas de différences dans les chiffres de dureté pris sur l'acier avant ou après cette opération. C'est ce que montre le dernier essai cité.

Les taches blanches que l'on observe après trempe à 1200° présentent des clivages qui, suivant les indications qu'a bien voulu me donner M. Osmond, indiquent du fer γ. D'ailleurs la modification apportée dans les propriétés mécaniques semblent venir appuyer cette conclusion. Le carbone du carbure dissout maintiendrait une partie du fer à l'état γ.

CONCLUSIONS

Les conclusions que nous devons tirer de ces essais sont les suivantes :

1° Les aciers au chrome perlitiques sont modifiés par la trempe comme les aciers au carbone ;

2° Les aciers au chrome martensitiques sont légèrement adoucis par la trempe et cela d'autant plus qu'ils renferment moins de carbone ; il y a une tendance à la formation de fer γ ;

3° Les aciers au chrome renfermant le carbure double sont légèrement adoucis par une trempe à 850 degrés sans avoir subi dans leur constitution aucun changement visible au microscope ; mais une trempe à 1.200 degrés dissocie ou dissout le carbure double en partie ou en totalité suivant la vitesse de refroidissement et la quantité initiale de ce produit ; il semble de plus se produire du fer γ.

3° Aciers recuits.

Des essais très nombreux ont été faits tant au point de vue micrographique que mécanique pour définir l'influence du recuit. La température de ces recuits a varié de 900 degrés à 1.200 degrés, la durée a toujours été de 4 heures.

Micrographie. — Les aciers perlitiques ont donné les mêmes résultats que les aciers au carbone ordinaires, la perlite est d'autant plus nette que la température est plus élevée.

Fig. 25. — C = 0,382   Cr = 14,522
Recuit à 1.200° pendant 4 heures
G = 200 d.

Fig. 26. — C = 0,751   Cr = 9,376
Recuit pendant 4 heures à 1.300°
G = 200 d.

Les aciers martensitiques ont leur structure accentuée par le recuit (fig. 24). Certains de ces aciers tels que celui à 0,382 0/0 de carbone et 14,522 0/0 de chrome qui sont sur la limite de la 2ᵉ et de la 3ᵉ classe montrent après recuit à 1.200 degrés des espèces de noyaux remplis de martensite et séparés par des zones blanches très accentuées (fig. 25). Dans des aciers plus carburés ces zones blanches sont remplacées par des lignes noires épaisses qui ont toutes les caractéristiques de la troostite. C'est notamment le cas de l'acier à 0,751 0/0 de carbone et 9,376 0/0 de chrome recuit à 1.200 degrés (fig. 26).

Les aciers à carbure double ne sont que peu modifiés par le recuit. Cependant les grains blancs du carbure double augmentent considérablement (fig. 27). C'est notamment ce qui arrive avec l'acier à 0,464 0/0 de carbone et 31,7 de chrome. Mais deux cas sont particulièrement intéressants : celui de l'acier à 0,903 0/0 de carbone et 18,650 0/0 de chrome ; cet acier brut de forge est formé par des points blancs épars dans la masse ; après recuit ces points blancs viennent former en quelque sorte le bord de polyèdres qui semblent remplis par un eutectique ou de la martensite extrêmement fine (fig. 28).

D'autre part, un acier à 1,367 0/0 de carbone et 40,22 0/0 de chrome, recuit à 1.200 degrés pendant 4 heures, nous a donné la texture extrêmement nette d'un eutectique, alors que brut de forge, cet acier ne présentait que de nombreux points blancs qui étaient répartis dans la masse d'une façon non homogène (fig. 29).

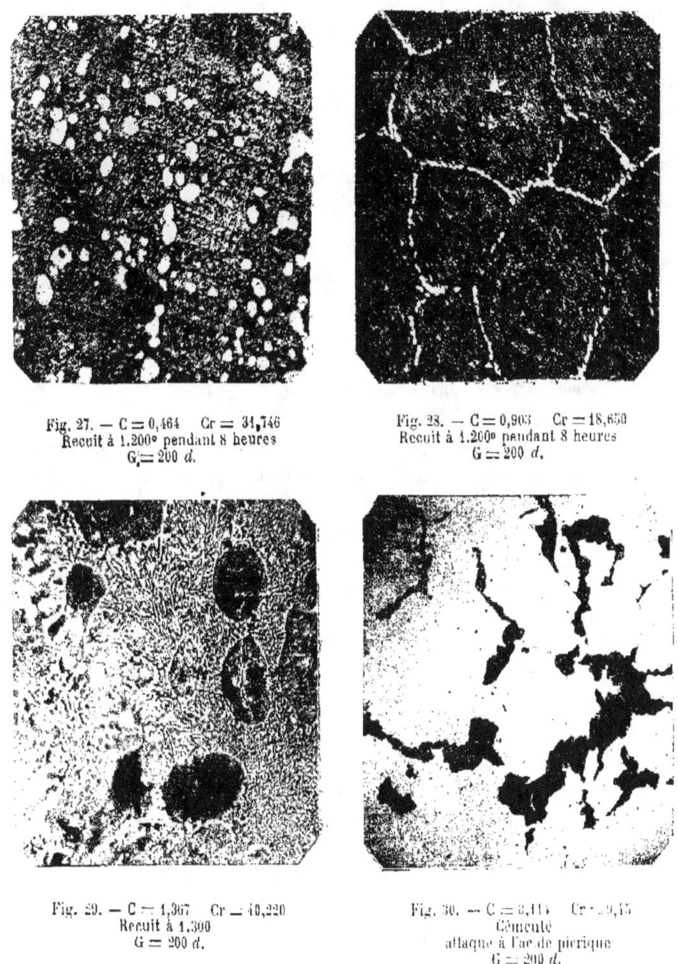

Fig. 27. — C = 0,464   Cr = 31,746
Recuit à 1.200° pendant 8 heures
G = 200 d.

Fig. 28. — C = 0,903   Cr = 18,650
Recuit à 1.200° pendant 8 heures
G = 200 d.

Fig. 29. — C = 1,367   Cr = 40,220
Recuit à 1.300
G = 200 d.

Fig. 30. — C = 0,114   Cr = 9,15
Cémenté
attaque à l'ac. de picrique
G = 200 d.

Essais mécaniques. — Tous les aciers au chrome subissent de par un recuit à 900 degrés pendant 4 heures un adoucissement plus ou moins prolongés.

Les aciers martensitiques sont très sensibles à ce traitement.

C'est ainsi que l'acier à 0,114 0/0 de carbone et 9,14 0/0 de chrome nous a donné dans ces conditions :

$$R = 123; \quad E = 118,4; \quad A\ 0/0 = 4; \quad \Sigma = 3,2.$$

L'acier à 0,840 0/0 de carbone et 7,279 0/0 de chrome :

$$R = 110; \quad E = 80,3; \quad A\ 0/0 = 4; \quad \Sigma = 22,3.$$

Les aciers à carbure double sont également atteints par le recuit. C'est ainsi que :

L'acier à 0,244 0/0 de carbone et 25,3 0/0 de chrome a donné :

$$R = 56,8; \quad E = 32,5; \quad A\ 0/0 = 16; \quad \Sigma = 50,3.$$

L'acier à 0,820 0/0 de carbone et 26,54 0/0 de chrome a fourni :

$$R = 58,2; \quad E = 35,3; \quad A\ 0/0 = 15; \quad \Sigma = 46,2.$$

Mais il est bien certain que l'influence du recuit doit dépendre énormément des traitements subis par l'acier brut de forge.

4° Aciers cémentés

Ces opérations ont porté sur les aciers de la 1ʳᵉ série.

Elles ont été faites dans les conditions suivantes :

Température : 1,100 degrés; temps : 8 heures; cément : mélange de charbon de bois et de carbonate de baryum à 40 0/0 de ce produit.

Avec les aciers contenant de 0 à 2 0/0 de chrome, nous avons obtenu les mêmes résultats qu'avec les aciers au carbone.

Pour l'acier à 4,5 0/0 de chrome, le centre est perlitique et la perlite va en augmentant, puis on obtient de la cémentite et enfin le constituant noir et non de la martensite.

Pour les aciers contenant de 7 à 9 0/0 de chrome, on remarque au centre la martensite, puis autour de cette martensite se forment des polyèdres qui sont bordés d'un liseré noir d'autant plus important qu'on se rapproche du bord (fig. 30 et 31).

L'acier à 14 0/0 cémenté est particulièrement intéressant. Au centre, on voit la martensite; plus loin, il se forme des polyèdres remplis de martensite et qui sont bordés d'un liseré noir très épais; c'est évidemment de la troostite (fig. 32).

Par une attaque à l'attaque picrique, on ne voit aucune martensite dans les polyèdres; mais le bisulfate ou l'acide chlorhydrique la fait apparaître très nettement. Plus on approche de la partie la plus carburée, plus le constituant noir prend de l'importance. La figure 33 montre à fort grossissement le sommet d'un polyèdre; on remarque que le liseré noir n'est fait que par un enchevêtrement d'aiguilles de plus en plus fines. Ceci est, croyons-nous, particulièrement intéressant et montre que le carbone en s'accumulant n'a pu se dissoudre complètement.

Bientôt, et c'est là un point capital, apparaît au centre du liseré noir, un liseré blanc très net qui n'est autre chose que le constituant spécial aux aciers au chrome (fig. 34). En effet si l'on examine la partie la plus rapprochée du bord,

on trouve ce liséré blanc bien mieux formé et des points blancs qui ont tous les
caractères du constituant spécial aux aciers au chrome (fig. 35). Le bord présente
même un fond noir sur lequel se détachent les points blancs (fig. 36).

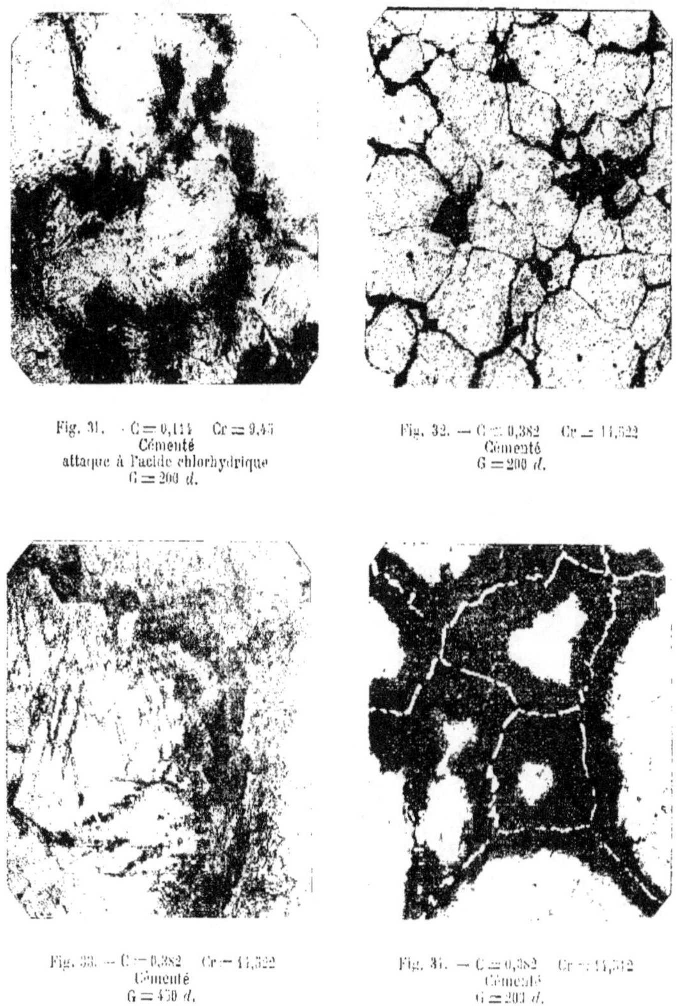

Fig. 31. — C = 0,114   Cr = 9,45
Cémenté
attaqué à l'acide chlorhydrique
G = 200 d.

Fig. 32. — C = 0,382   Cr = 11,522
Cémenté
G = 200 d.

Fig. 33. — C = 0,382   Cr = 11,522
Cémenté
G = 450 d.

Fig. 34. — C = 0,382   Cr = 11,522
Cémenté
G = 200 d.

En résumé, l'observation de cet acier prouve nettement que les points brillants observés dans les aciers au chrome sont formés par un carbure double de fer et de chrome. La cémentation des aciers contenant depuis 22 jusqu'à 32 0/0 de chrome montre le même phénomène, à savoir que les grains blancs sont d'autant plus nombreux que l'on s'approche du bord de l'échantillon observé. Ces observations viennent donc à l'appui du fait que nous venons d'avancer.

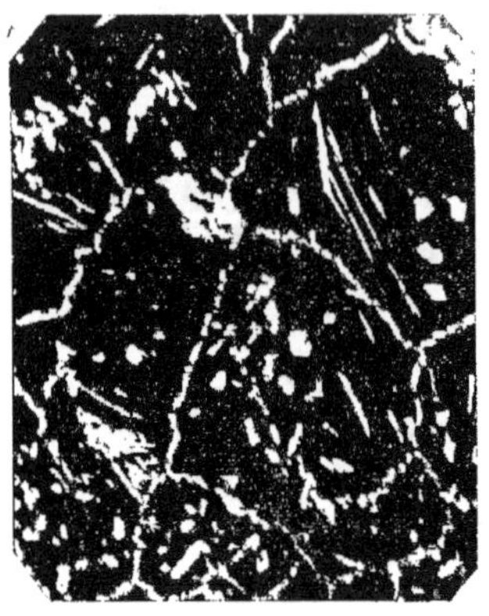

Fig. 35. — C = 382   Cr = 14,512
Cémenté
G = 230 d.

Fig. 36. — C = 0,464   Cr = 31,746
Cémenté
G = 260 d.

CONCLUSIONS GÉNÉRALES

Cette étude sur les aciers au chrome montre que ces produits sidérurgiques peuvent être classés en quatre catégories dont les propriétés principales peuvent être résumées comme suit :

1° Aciers perlitiques : charge de rupture, limite élastique et dureté d'autant plus élevées que la teneur en chrome est plus grande ; allongements et strictions élevés, résistance au choc dépendant surtout de la teneur en carbone.

Ces aciers voient leurs propriétés mécaniques considérablement modifiées par une trempe à 850 degrés, et cela dans le même sens que les aciers au carbone. Mais les aciers à basse teneur en carbone voient leur charge de rupture et leur limite élastique croître et leurs allongements et strictions diminuer beaucoup plus que s'ils ne contenaient pas de chrome ;

2° Aciers à martensite ou troostite : charge de rupture, limite élastique et dureté élevées, faibles allongements et strictions, fragilité fonction de la teneur en carbone.

Ces aciers sont légèrement adoucis par le recuit et par la trempe ;

3° Aciers à carbure double, charge de rupture et limite élastique plutôt basses, allongements et strictions assez élevés. Très grande fragilité. Ces aciers sont adoucis par une trempe à 850 degrés ; plus encore par une trempe à

1.200 degrés, qui fait disparaître, au moins en partie, le carbure double. Le recuit produit le même effet.

Lorsque de nouvelles observations auront été faites en assez grand nombre, nous pensons résumer ces recherches dans un diagramme semblable à ceux que nous avons déjà établis pour les aciers au nickel et au manganèse.

ACIERS AU TUNGSTÈNE

AVANT-PROPOS

Les aciers au tungstène n'ont encore donné lieu à aucune étude générale (1) et cependant ces aciers présentent un intérêt industriel tout spécial, puisqu'ils entrent dans la composition de la plupart des aciers à outils. Il faut, de plus, signaler une application moins connue de ces produits, nous voulons parler de l'utilisation dans la fabrication des ressorts des aciers à faible teneur en tungstène. — Nous avons eu l'occasion d'examiner plusieurs de ces aciers; voici les résultats moyens d'analyses :

Carbone . . . ·	0,450
Manganèse . . .	0,220
Silicium	0,300
Tungstène . . ,	0,600

Ces aciers non trempés ont donné : $R = 80$ à 85 kilos; $A\ 0/0 = 14$; $E = 60$. — Puis trempés et recuits convenablement : $R = 130$; $A\ 0/0 = 7$; $E = 100$.

Quelques recherches ont été faites sur la constitution des aciers au tungstène par M. Behrens et M. Van Linge d'une part, et MM. Carnot et Goutal d'autre part.

Les premiers séparèrent par l'action de l'acide chlorhydrique sur un ferrochrome à 75 0/0 de chrome, un carbure double.

De plus, M. Behrens signala dans les ferro-tungstènes un composé cristallisé correspondant à la formule $Fe^3\,Tu$.

MM. Carnot et Goutal ont obtenu en attaquant par l'acide chlorhydrique étendu, un acier au tungstène à 0,400 de carbone et 6 0/0 de tungstène, un com-

(1) La première partie de ce mémoire (Aciers bruts de forge) a été présentée au Groupe Français de l'Association Internationale des Méthodes d'Essais, en juin 1903. — En septembre M. Hadfield continuant ses importantes recherches sur les alliages du fer a présenté au Congrès de l'Iron and Steel Institute un mémoire très intéressant sur les Aciers au Tungstène. Nous avons pris part à la discussion qui suivit cet exposé en résumant le mémoire que nous présentons aujourd'hui.

posé Fe³ Tu. En opérant sur les aciers plus carburés, ils isolèrent un carbure double de formule Fe⁴ C, Tu C.

Rappelons enfin que des carbures de tungstène ont été isolés au four électrique. M. Moissan a obtenu le carbure Tu² C et M. Williams, le composé Tu C. Enfin ce dernier isola aussi un carbure double : 2 Fe³ C, 3 Tu² C.

Le tableau suivant résume l'analyse des aciers que nous avons utilisés dans cette étude et qui ont été préparés aux aciéries d'Imphy.

Série I à environ 0,300 C.

C	Tu	Mn	Si	S	P
0,117	0,112	traces	0,035	traces	0,013
0,110	0,353	"	0,058	0,005	0,016
0,140	1,353	"	0,036	0,008	0,010
0,125	4,363	"	0,035	traces	0,015
0,173	11,80	0,067	0,046	0,015	0,008
0,201	11,37	traces	0,060	0,008	0,013
0,221	50,71	"	0,139	0,013	0,011
0,239	24,35	"	0,112	0,014	0,013
0,256	27,45		0,139	0,012	0,016

Série II à environ 0,800 de C.

C	Tu	Mn	Si	S	P
0,861	0,337	0,027	0,040	0,033	0,012
0,858	0,934	0,054	0,120	0,023	0,015
0,795	2,750	0,054	0,058	0,019	0,010
0,828	7,78	traces	0,140	0,018	0,008
0,815	9,50		0,093	0,014	0,015
0,712	14,79		0,117	0,023	0,015
0,737	19,24		0,006	0,018	0,070
0,773	35,27		0,353	0,015	0,011
0,856	31,529		0,233	0,024	0,015
0,867	36,957		0,280	0,017	0,006

I. Aciers bruts de forge.

A. Micrographie.

La micrographie des aciers au tungstène est relativement fort simple. Toutes les attaques ont été faites à l'acide picrique à l'exception d'une seule dans laquelle on s'est servi de picrate de soude en solution sodique.

1. Séries. — Aciers à environ 0,300 de carbone.

De 0 à 10 0/0 de tungstène, les aciers ont la même constitution que les aciers au carbone, mais il est certain que la perlite est plus déliée que dans les aciers au carbone et que, même à de faibles grossissements, on voit nettement les lamelles alternées de ferrite et de cémentite.

A 10 0/0 de tungstène on aperçoit de nombreux points qui sont trop fins pour être photographiés.

C'est ce constituant que nous allons rencontrer dans tous les autres aciers

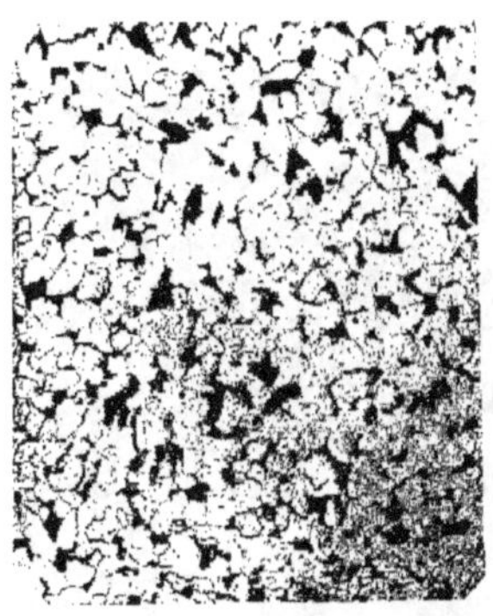

Fig. 1. — C = 0,017   Tu = 0,417
G = 200 d.

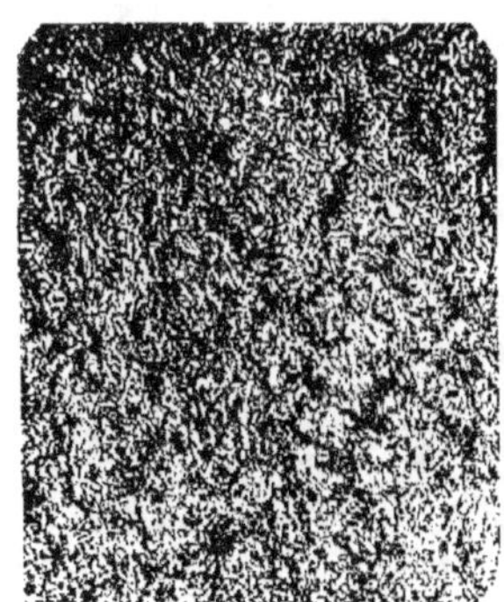

Fig. 2. — C = 0,126   Tu = 1,963
G = 200 d.

du moins jusqu'à 40 0/0 de tungstène. Nous avons donc une division en deux groupes :

1re *Groupe*. — Aciers semblables aux aciers au carbone. De 0 à 10 0/0 de tungstène;

2e *Groupe*. — Aciers à constitution spéciale. Au delà de 10 0/0 de tungstène.

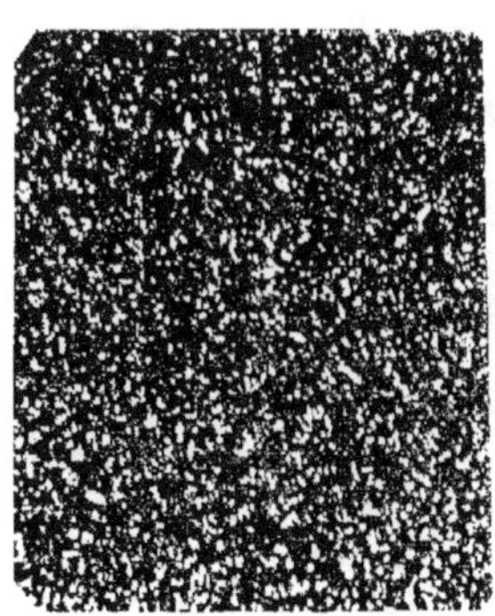

Fig. 3. — C = 0,276   Tu = 27,750
G = 200 d.

Fig. 4. — C = 0,823   Tu = 4,678
G = 200 d.

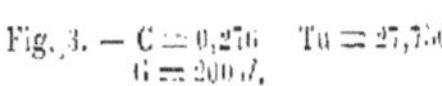

2e Série. — *Aciers à environ 0,800 de carbone*.

De 0 à 5 0/0 de tungstène, on rencontre les mêmes constituants que dans les aciers au carbone. Les remarques déjà faites au sujet de la perlite se retrouvent ici.

A 5 0/0 on voit apparaître les points blancs déjà notés; ils se présentent ici en filaments allongés et extrêmement nombreux, mais il est bien certain que leurs formes, leurs grosseurs dépendent énormément du traitement mécanique qu'a subi l'acier.

Fig. 5. — C = 0,713   Tu = 25,276
G = 150 d.

Fig. 6. — C = 0,838   Tu 31,328
G = 200 d.

Tous les produits contenant plus de 5 0/0 de tungstène renferment ce même constituant. Il est en points si petits dans l'acier à 10 0/0 qu'il a été impossible de photographier cet acier. Nous attirerons l'attention sur les photographies de l'acier à 15 0/0 de tungstène qui présente quelques cristaux du constituant spé-

Fig. 7. — C = 0,867   Tu = 30,967
G = 200 d.

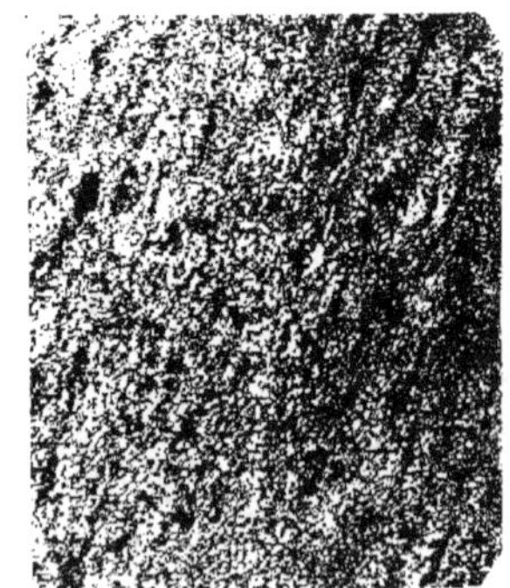

Fig. 8. — C = 1,05   Tu 1,8
G = 200 d.

rial que le forgeage a respecté et surtout de l'acier à 35 0/0 de tungstène dans lequel nous avons trouvé un individu cristallin de très grandes dimensions entouré de plus petits cristaux. Le premier s'est légèrement incurvé sous l'action du marteau.

Dans l'acier à 31 0/0 de tungstène les filaments sont extrêmement nets. Enfin, l'acier renfermant 39,9 0/0 de tungstène présente des particularités extrêmement intéressantes. L'acier n'a pu être laminé ; aussi les cristaux qui se sont formés lentement pendant le refroidissement présentent-ils un développement énorme puisqu'ils n'ont pu être brisés par un traitement mécanique. Parmi ces individus, on en remarque qui sont d'une netteté très grande et de forme extraordinairement régulière.

Dans cette série, la subdivision est donc la suivante :

1re Classe : aciers ayant même constitution que les aciers au carbone. De 0 à 5 0/0 de tungstène ;

2e Classe : aciers ayant une constitution spéciale. Au delà de 5 0/0 de tungstène.

Une seule question reste donc à se poser. Qu'est-ce que le constituant spécial aux aciers au tungstène ?

Les expériences que nous venons de décrire donnent déjà une indication ; en effet, le point auquel apparaît ce constituant dépend de la somme $C + Tu$.

Dans la série à 0,200 de carbone, le constituant apparaît à 10 0/0, tandis qu'on le rencontre nettement dans les aciers à 0,800 de carbone dès 5 0/0 de tungstène. *A priori* il semble donc que ce composé soit un carbure.

De plus il se rapproche par certaines propriétés de la cémentite. C'est ainsi qu'il apparaît par polissage en bas-relief et que le picrate de soude en solution sodique le colore en noir.

Nous verrons plus loin que la cémentation des aciers de la première série confirme complètement la nature de ce composé. Ajoutons d'ailleurs que nous avons examiné de nombreux autres aciers au tungstène qui ont confirmé ces résultats.

C'est ainsi que nous avons examiné un acier contenant 1,05 0/0 de carbone et 1,8 0/0 de tungstène, et qui était entièrement formé de petits points blancs.

B. Essais mécaniques.

Comme sur les aciers au nickel, au manganèse et au chrome, nous avons pratiqué sur les aciers au tungstène des essais à la traction, au choc et à la dureté :

Série I. Essais a la traction

C	Tu	R	E	A 0/0	Σ
0,117	0,412	41,1	30,1	19	66,5
0,110	0,939	42,1	31,6	18	63,9
0,110	1,750	48,9	37,6	18	62,1
0,126	4,965	63,2	33,9	13,5	63,0
0,173	11,890	86,6	79,1	5	47,7
0,201	14,250	77,2	54,6	10,5	14,7
0,221	20,710	71,5	48,9	9	26,4
0,219	24,55	60,2	41,4	4	7,5
0,276	27,73	67,0	56,4	2,5	0

Ces essais à la traction divisent les aciers de cette série en deux groupes :

1° Aciers contenant de 0 à 12 0/0 de tungstène. Ces aciers présentent une charge de rupture d'autant plus élevée qu'ils contiennent plus de tungstène ; la limite élastique ne semble pas croître aussi rapidement, les strictions et les allongements diminuent peu ;

Aciers bruts de forge.

Essais à la traction — I aciers à 0,200 C

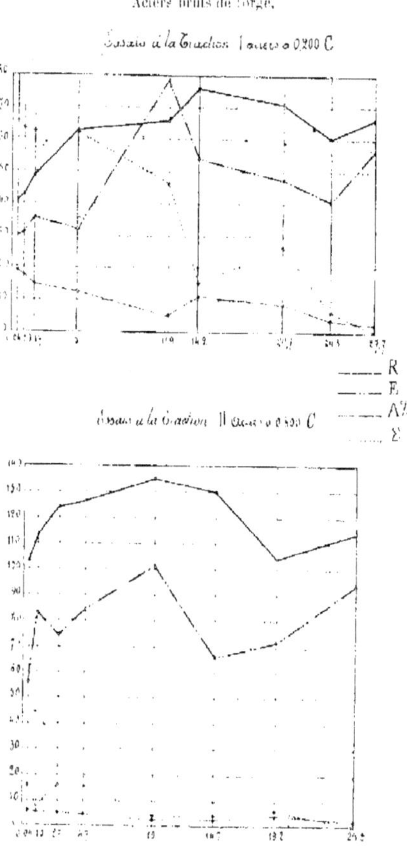

Essais à la traction — II aciers à 0,500 C

2° Aciers contenant plus de 12 0/0 de tungstène. Ces produits ont une charge de rupture assez élevée mais à l'exception du premier acier de cette série, ils ont des limites élastiques assez basses et des strictions et allongements plutôt faibles. L'augmentation du pourcentage de tungstène ne semble pas produire un effet bien déterminé. Cependant la charge de rupture et la limite élastique tendent à diminuer. A noter que la plupart des aciers de cette seconde série présentent la cassure très spéciale, à dents de fraise rayonnant vers le centre et qui sont parfois très découpées.

Série II. Aciers a environ 0,800 C.

C	Tu	R	E	A %	Y
0,861	0,397	103,2	56,4	6	17,6
0,852	0,951	113,0	62,8	5,5	5,5
0,795	2,750	124,3	75,3	5,5	17,6
0,823	4,676	126,5	85,8	5	16,3
0,813	9,991	134,8	101,7	3,5	3
0,712	14,739	129,9	67,8	2	3
0,797	19,230	105,4	71,5	3,3	1,5
0,743	25,270	113,0	94,1	0,5	0

Pour cette deuxième série la division des aciers est beaucoup moins nette que pour la première.

Aciers bruts de forge.

Essais au Choc

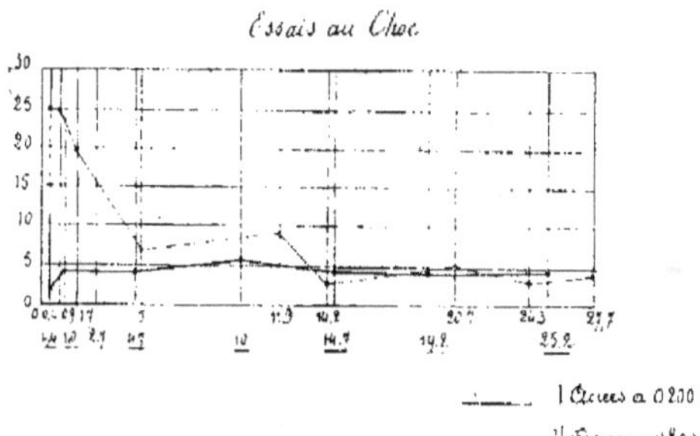

Essais à la Dureté

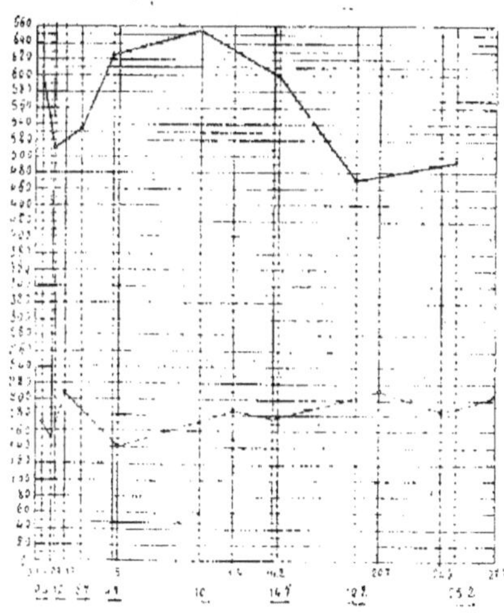

Tous ces aciers sont à charge de rupture élevée, mais à partir de 10 0/0 les allongements et surtout les strictions sont extrêmement faibles.

Il semble donc s'établir deux classes : l'une comprenant les aciers renfermant jusqu'à 10 0/0 de tungstène, l'autre formée par les aciers qui contiennent plus de 10 0/0 de tungstène.

Nous verrons qu'en réalité, la démarcation n'est pas au pourcentage de 10 de tungstène, mais bien au pourcentage de 5, comme l'a indiqué la micrographie.

Il faut noter ici la cassure spéciale des aciers à haute teneur en tungstène. Dans un cas nous avons noté des déchirures, de véritables crans qui se sont formés pendant l'opération de la traction suivant les génératrices de l'éprouvette.

Série I. Essais au Choc (*méthode Frémont*) et a la dureté (*méthode Brinell*).

Carbone	Tungstène	Nombre de kilogrammètres	Chiffre de Brinell
0,117	0,112	25	97
0,110	0,939	29	97
0,110	1,750	26	109
0,126	4,965	20	153
0,176	11,699	6	223
0,201	14,270	5	167
0,319	24,350	4	163
0,241	20,710	6	187
0,276	27,750	6	217

Les essais au choc indiquent nettement les deux séries que nous avons trouvées dans les essais à la traction.

Parmi les aciers de la première série, ceux qui contiennent de 0 à 12 0/0 de tungstène ne sont nullement fragiles. Il est cependant à noter que l'augmentation du pourcentage de tungstène semble diminuer un peu la résistance au choc. Les aciers plus riches en tungstène possèdent une certaine fragilité.

Mais ce qui est surtout à noter, c'est la constance remarquable des résultats obtenus par la méthode de M. Frémont, laquelle démontre nettement que, quel que soit le pourcentage de tungstène (à partir de 10 0/0), la résistance au choc est la même.

La dureté au contraire donne peu d'indications sur la classification de ces aciers. On note simplement un passage brusque à des chiffres plus élevés lorsqu'on arrive à 11,8 0/0 de tungstène.

Série II

Carbone	Tungstène	Nombre de kilogrammètres	Chiffre de Brinell
0,864	0,397	4	241
0,872	0,951	4	241
0,795	2,750	4	302
0,833	5,678	5	302
0,815	9,991	4	293
0,712	14,719	3	354
0,797	19,260	6	277
0,743	25,276	6	354

Ici nous trouvons une classification beaucoup plus nette que dans les essais à la traction. En effet, nous rencontrons d'abord des aciers extrêmement fragiles (de 0 à 5 0/0 de tungstène) puis des aciers qui présentent tous une certaine fragilité mais beaucoup moindre que celle des premiers.

De plus, pour les aciers renfermant plus de 5 0/0 de tungstène, on trouve une constance remarquable dans la résistance au choc et qui de plus est nettement égale à celle trouvée dans les aciers du deuxième groupe de la première série. On voit donc que pour ces aciers, la teneur en carbone n'influe pas sur leur fragilité.

Des résultats à la dureté il est encore impossible de déduire une classification, ces aciers présentant tous une très grande dureté.

Conclusion.

En résumé, les essais micrographiques et les essais mécaniques conduisent à adopter pour les aciers au tungstène deux classes dont nous résumerons les propriétés :

1re *Classe*. — Aciers ayant même structure que les aciers au carbone; leur charge de rupture croît avec la dose de tungstène, mais ils ont relativement de belles strictions.

Leur fragilité est sensiblement la même que pour les aciers ordinaires à même teneur de carbone; cependant, il semble que pour les aciers peu carburés, la résistance au choc va en diminuant lorsque la teneur en tungstène augmente. Leur dureté est plus élevée que pour les aciers ordinaires à même teneur en carbone et cela d'autant plus que la teneur en tungstène est plus élevée.

2º *Classe*. — Les aciers de cette classe ont une charge de rupture assez élevée, ils ont plutôt une limite élastique assez basse. Leurs allongements et leurs strictions sont faibles. Ils sont sur la limite des aciers fragiles et peu fragiles et leur résistance au choc est constante quelle que soit leur teneur en carbone et leur teneur en tungstène. Enfin, ils offrent une dureté assez élevée qui est surtout fonction de leur teneur en carbone.

Le tableau suivant indique la répartition de ces deux classes lorsque varie la teneur en carbone :

Classes	Aciers à environ 0,200 C.	Aciers à environ 0,800 C.
1re Classe	De 0 à 7 0/0 Tu	De 0 à 5 0/0 Tu
2e Classe	Au delà de 7 0/0 Tu	Au delà de 5 0/0 Tu

2º **Aciers trempés**

Comme pour les aciers au chrome, nous avons effectué deux séries d'essais : l'une comporte des trempes à 850º dans l'eau ordinaire ; l'autre des trempes faites à la température de 1200º à l'air, dans l'eau ou le mercure à 1200º.

A. Micrographie.

Les aciers perlitiques deviennent martensitiques par la trempe à 850° ; ils se conduisent comme les aciers au carbone ordinaire.

Fig. 9. — C = 0,795   Tu = 2,75
Trempé à 1000° à l'air
G = 200 d.

Fig. 10. — C = 0,795   Tu = 2,75
Trempé à 1100° à l'air
G = 200 d.

Les aciers à carbure double donnent par trempe à 850° de la martensite ; cette martensite est extrêmement fine. Mais le carbure peut ne pas disparaître complètement si la vitesse de refroidissement n'est pas suffisante. C'est ainsi qu'après

Fig. 11. — C = 0,853   Tu = 4,68
Trempé à 1200° à l'air
G = 291 d.

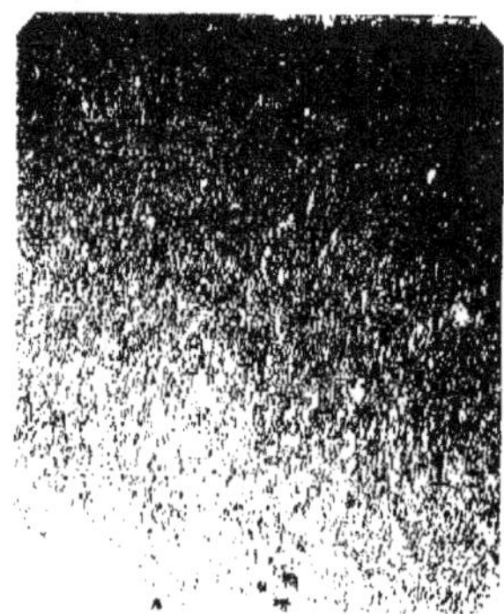

Fig. 12. — C = 0,712   Ta = 13,751
Trempé à 900° à l'eau
G = 150 d.

une trempe au mercure on trouve moins de carbure libre qu'après une trempe à l'eau. D'autre part plus la température est élevée, moins il semble y avoir de carbure libre.

Pour les aciers contenant une quantité très importante de tungstène la trempe ne fait pas apparaître de martensite ; les grains blancs de carbure subsistent, mais leurs contours sont moins nets, ce qui semble prouver que le carbure s'est bien dissous, mais que la vitesse de refroidissement n'a pas été assez rapide pour maintenir le carbure ou du moins la totalité de ce produit sous cet état. Ceci est nettement prouvé par la micrographie que nous donnons de l'acier à 0,867 0/0 de carbone et 39,9 de tungstène.

Nous avons étudié d'une façon toute spéciale la trempe à l'air des aciers au tungstène. A cet effet nous avons porté les échantillons à des températures allant de 800 à 1200° de 50 en 50 degrés et nous les avons refroidis dans un courant d'air. Les résultats obtenus sont extrêmement nets. Les aciers renfermant moins de 2 0/0 de tungstène ne sont pas atteints par la trempe à l'air.

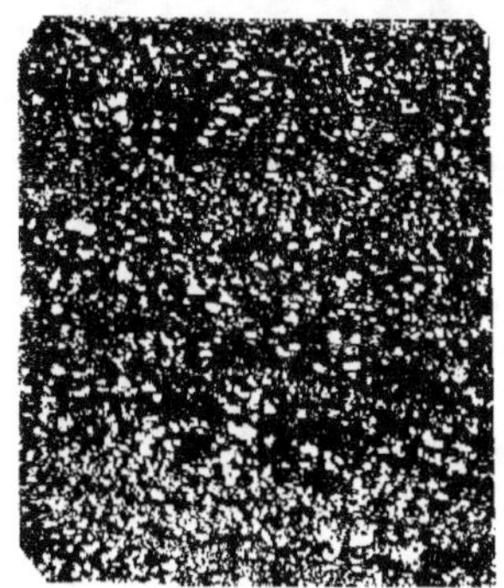

Fig. 13. — C = 0.833   Tu = 31,32
Trempé à l'eau à 800°
C = 200 d.

Fig. 14. — C = 0.867   Tu = 39,97
Trempé à 800° à l'eau
C = 200 d.

Les aciers qui contiennent plus de 2 0/0 de tungstène donnent de la martensite dès que la température de trempe atteint 900°.

Lorsque la teneur en tungstène est suffisamment élevée, la martensite est mélangée de carbure double ; elle est alors extraordinairement fine ; on ne peut songer à la photographier. Pour des teneurs très importantes en tungstène à partir de 20 0/0 environ), on n'en voit plus trace et la quantité de carbure double ne semble pas diminuer.

La température de trempe a une influence très caractéristique.

A 900° on trouve un peu de martensite fine et des aiguilles noires qui forment parfois des amas considérables et que l'on doit rapprocher de la troostite. A 1000° ce constituant diminue, on le voit nettement sur la photographie que nous donnons, le fond blanc est rempli de martensite très fine que ne montre pas l'image. A 1100° on ne trouve que quelques aiguilles isolées ; toute la structure est martensitique.

En somme, les aciers au tungstène prennent la trempe à l'air dès 2 0/0 de tungstène ; la martensite est en quantité d'autant plus grande que la température est plus élevée.

Mais un fait très important est le suivant : la couche superficielle *seule* est atteinte dans les *trempes à l'air* de ces aciers.

B. Propriétés mécaniques. — 1° Trempe à 850°

1° *Essais à la traction.*

SÉRIE I

Le tableau suivant résume les essais à la traction pratiqués sur les aciers de la série I trempés à 850°.

Composition		R	E	A pour cent	Σ
Carbone	Tungstène				
0,117	0,412	56,7	39,1	11,5	68,6
0,110	0,939	55,3	41,4	10	68,6
0,110	1,750	75,3	56,3	3,5	6
0,120	4,965	73,0	54,8	5,5	10,3
0,129	6,889	53,9	36,5	14,5	63,2
0,173	11,890	67,2	45,3	11,5	57,5
0,201	11,270	63,5	36,5	11,5	53,5
0,221	20,710	67,7	52,6	7,7	7,5
0,219	24,350	57,8	43,8	12,8	7,4
0,276	27,750	57,8	47,5	13	42,6

Ces résultats montrent que :

1° Les aciers perlitiques sont durcis par la trempe et cela d'autant qu'ils contiennent plus de tungstène. C'est ainsi que les deux aciers à 0,939 et 1,750 0/0 de tungstène qui ont même pourcentage de carbone donnent des résultats nettement différents. Ceci vient à l'appui de l'assertion que nous avons souvent faite sur le rôle que peuvent jouer les métaux étrangers dans la martensite ;

2° Les aciers à carbure double sont au contraire adoucis.

SÉRIE II

Les résultats des essais à la traction sur les aciers de la série II trempés à 850° sont donnés dans le tableau suivant :

Composition		R	E	A pour cent	Σ
Carbone	Tungstène				
0,861	1,397				
0,852	0,851				
0,795	2,750		Ont « tapé » à la trempe		
0,823	4,675				
0,812	9,990				
0,712	11,750	135,0	135,0	0	0
0,797	13,250	124,8	124,8	0	0
0,743	27,276	103,2	70,4	0	0

Ces essais montrent que la trempe à 850° durcit nettement les aciers à carbure double de la 2ᵉ série.

Toutefois l'effet semble d'autant moins net que le tungstène est d'autant plus abondant, ce qu'explique très bien la micrographie. C'est ainsi que l'acier à 25 0/0 de tungstène est adouci par la trempe.

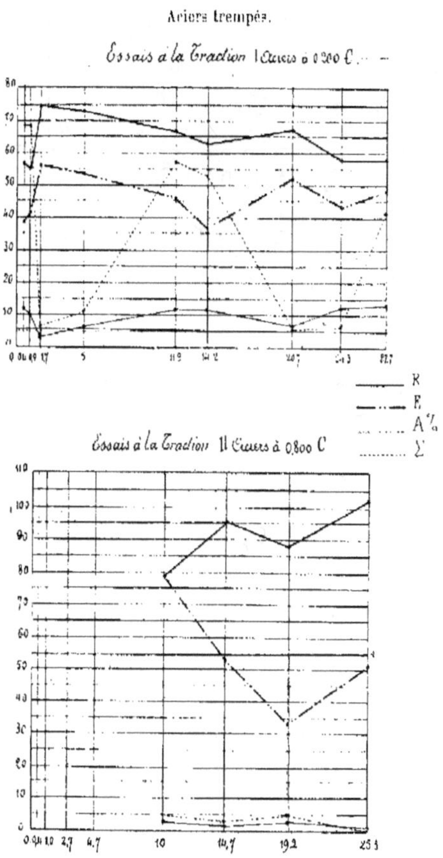

2° *Essais au choc et à la dureté.*

Série 1

On trouvera dans le tableau suivant les résultats des essais au choc et à la dureté sur la série 1 trempée à 850°.

Composition		Nombre de kilogrammes	Chiffres de Brinell
Carbone	Tungstène		
0,117	0,412	25	170
0,110	0,939	25	153
0,110	1,730	20	207
0,126	4,965	7	140
0,129	6,889	13	136
0,173	11,890	9	187
0,201	14,270	3	173
0,221	20,710	3	212
0,219	24,350	3	187
0,276	27,730	1	202

Aciers trempés.

Essais au Choc

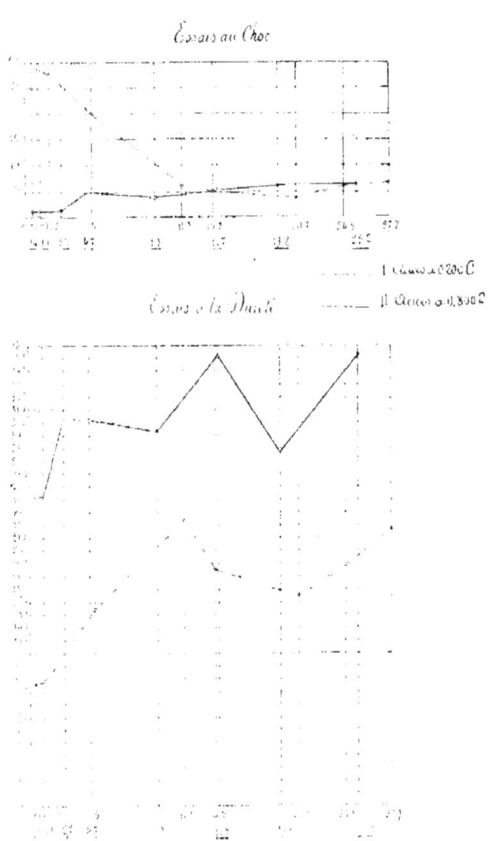

Essais à la Dureté

Ces essais montrent que les aciers perlitiques sont plus fragiles après trempe qu'avant, et que la résistance au choc des aciers à carbure double n'est pas modifiée. La dureté est légèrement augmentée pour les premiers ; elle est sensiblement la même pour les seconds.

Série II

Composition		Nombre de kilogrammes	Chiffre de Brinell
Carbone	Tungstène		
0,861	0,397	1	600
0,852	0,050	1	512
0,795	2,750	1	532
0,821	4,675	4	627
0,843	9.991	3	655
0,712	14,749	3	600
0,797	19,250	3	171
0,743	25,276	4	195

Ces résultats montrent que tous les aciers de la 2ᵉ série possèdent une dureté minéralogique beaucoup plus élevée après trempe à 850°. Mais la trempe ne semble pas avoir modifié la résistance au choc des premiers ; elle a toutefois légèrement abaissé celle des aciers à carbure double.

Autres expériences. — Dans une seconde série d'expériences nous avons examiné l'influence de la trempe à 1200° dans l'air sur les aciers à carbure double.

Les essais à la dureté et au choc nous ont donné les résultats suivants :

Composition		Essais au choc	Essais à la dureté
Carbone	Tungstène		
0,795	2,750	2 kilogrammètres	340
0,823	4,675	3 "	325
0,815	9,991	3 "	302
0,712	14,749	3 "	364
0,797	19,250	3 "	293
0,743	25,260	3 "	302

On voit que tous ces aciers sont durcis par la trempe à l'air ; mais très légèrement, à l'exception du premier qui donne trempé 340 au lieu de 241 brut de forge.

Cette différence si faible entre les duretés de l'acier brut de forge et de l'acier trempé peut étonner *à priori*. Ceci s'explique micrographiquement, la couche superficielle étant seule martensitique. Nous avons rencontré le même résultat avec des aciers à outils dits à coupe rapide, aciers chrome-tungstène, chrome-molybdène et chrome-tungstène-molybdène. Plusieurs de ces aciers ont donné trempés à l'air des duretés ou plutôt des chiffres de Brinell plus faibles après trempe qu'avant.

3° **Aciers recuits**

Ces essais de recuit ont été faits généralement à 900° pendant 4 heures. Quelques expériences ont eu lieu dans d'autres conditions qui seront indiquées au fur et à mesure.

A. Micrographie.

Le recuit à 900° pendant 4 heures, n'a pas une action très nette sur les aciers à carbure double. Il semble cependant que les grains de carbure augmentent de dimensions. Mais si l'on porte la température à 1200°, on se trouve en présence de phénomènes particulièrement intéressants.

Fig. 15. — C = 0.173   Tu = 11,89
Recuit à 1200°
G = 500 d.

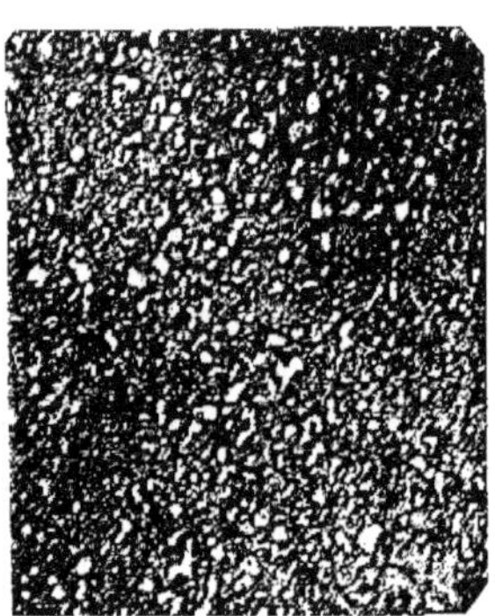

Fig. 16. — C = 0,276   Tu = 27,75
Recuit à 1250°
G = 200 d.

Les aciers perlitiques ne présentent pas généralement de changements plus importants que dans les aciers au carbone ordinaires. Cependant lorsque la teneur en carbone est suffisamment élevée (au moins 0,700) et la teneur en tungstène assez importante (2 0/0 environ) l'acier ne paraît plus présenter de perlite; on trouve des aiguilles extrêmement nettes qui apparaissent en blanc dans l'attaque par l'acide picrique et qui rappellent beaucoup les aiguilles de cémentite que l'on obtient dans les cémentations profondes. Elles offrent bien les trois directions caractéristiques de la martensite, mais nous ne pensons qu'elles puissent être confondues avec ce constituant. Nous verrons, en effet, qu'elles ne donnent nullement aux aciers les propriétés des aciers trempés. De plus on ne les obtient jamais par trempe; bien mieux, on les fait disparaître par une trempe appropriée. C'est ainsi que si l'on recuit pendant 4 heures à 1200° l'acier à 0,702 de carbone et 15 0/0 de tungstène, on trouve très nettement la structure dont nous parlons; si on trempe cet acier recuit à 850° dans l'eau, on obtient une martensite très fine.

Nous pensons que c'est là une forme spéciale du carbure double et qu'il ne faut y voir que le développement de ces *vermiculés*, forme qu'affecte particulièrement le carbure double de fer et de tungstène dans les aciers à teneur moyenne en tungstène.

De plus ces aiguilles se colorent en noir par le picrate de soude en solution sodique, comme la cémentite, ce que ne fait pas la martensite. Mais cette structure apparaît non seulement dans les premiers aciers à carbure double, mais aussi dans les aciers perlitiques les plus riches en tungstène. Comment expliquer ce fait?

Il est à peu près certain — bien que les observations micrographiques sur un tel sujet soient extrêmement délicates — que le passage de la perlite au carbure double ne se fait pas subitement; il existe des aciers où le carbure double se trouve mélangé avec de la perlite; en un mot, il existe une zone de passage semblable à celles que nous avons parfaitement définies pour les aciers au nickel, au manganèse et au chrome (fer + martensite, martensite + fer γ, martensite + carbure double). Cette structure est évidemment difficile à observer, surtout lorsque la perlite est en quantité importante. Le recuit a pour effet de la mettre très en vue.

Quant à l'action du recuit sur des aciers très riches en tungstène, elle est extrêmement nette, les grains augmentent très sensiblement de dimension.

B. Propriétés mécaniques.

Le recuit a pour effet d'adoucir très nettement tous les aciers au tungstène. Nous citerons quelques exemples :

L'acier à 0,200 0/0 de carbone et 14,27 0/0 de tungstène donne :
Brut de forge :   R $= 77,2$; E $= 54,6$; A 0/0 $= 10,5$; $\Sigma = 14,7$;
Recuit à 900° pendant 4 heures : R $= 63,5$; E $= 38,5$; A 0/0 $= 11,5$; $\Sigma = 43,5$.

L'acier à 0,712 0/0 de carbone et 14,7 0/0 de tungstène a donné :
Brut de forge :   R $= 129,9$; E $= 67,8$; A 0/0 $= 3,5$; $\Sigma = 3,0$.
Recuit à 900° pendant 4 heures : R $= 109,0$; E $= 55,4$; A 0/0 7; $\Sigma = 24,3$.
L'acier à 0,797 0/0 de carbone et 19,250 0/0 de tungstène a donné :
Brut de forge :   R $= 105,4$; E $= 74,5$; A 0/0 $= 3,5$; $\Sigma = 4,5$.
Recuit à 900° pendant 4 heures : R $= 95,3$; E $= 52,4$; A 0/0 $= 6$; $\Sigma = 18,2$.

Mais les aciers les plus intéressants à étudier après recuit sont certainement ceux qui présentent cette structure particulière se rapprochant un peu de la martensite.

L'acier à 0,795 de carbone et 2,750 de tungstène a donné :

Brut de forge :   R $= 124,3$; E $= 75,3$; A 0/0 5,5; $\Sigma = 17,6$;
Recuit à 1200° pendant 4 heures :   R $= 92,5$; E $= 45,8$, A 0/0 $= 2$; $\Sigma = 5,5$.

L'acier à 0,82 0/0 de carbone et 4,766 0/0 de tungstène a donné :
Brut de forge :   R $= 126,5$; E $= 85,8$; A 0/0 $= 5$; $\Sigma = 16,3$;
Recuit à 1200° pendant 4 heures :   R $= 97,8$; E $= 55,3$; A 0/0 $= 2$; $\Sigma = 4,2$.

On voit que dans ces recuits à 1200°, on trouve une diminution de la charge de rupture et de la limite élastique, et en même temps une diminution sensible des allongements et des strictions. Ceci n'a d'ailleurs rien qui puisse étonner, étant donnée la haute température du recuit.

En tous les cas, on peut déduire de ces essais que l'acier ne renferme pas de

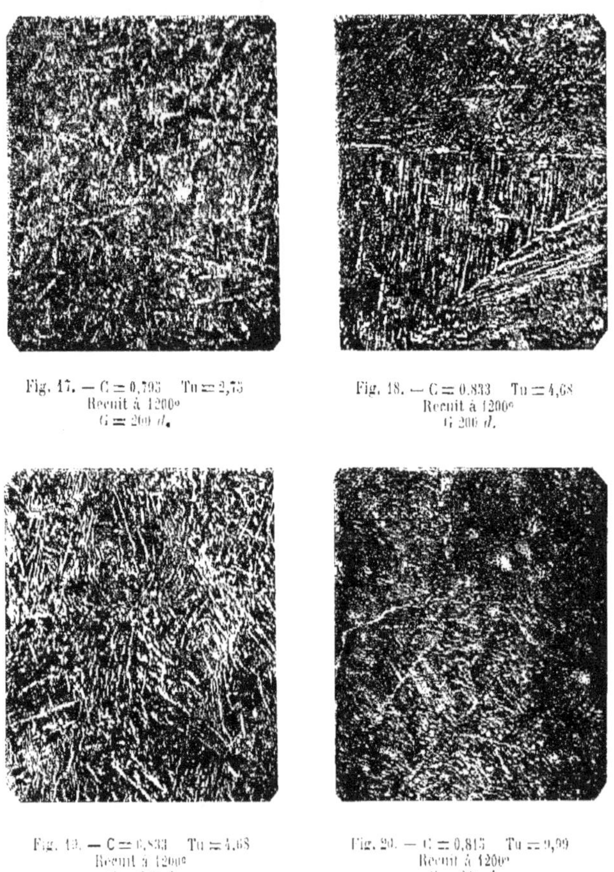

Fig. 17. — C = 0,793   Tu = 2,75
Recuit à 1200°
G = 200 d.

Fig. 18. — C = 0,833   Tu = 4,68
Recuit à 1200°
G 200 d.

Fig. 19. — C = 0,833   Tu = 4,68
Recuit à 1200°
G = 200 d.

Fig. 20. — C = 0,815   Tu = 9,09
Recuit à 1200°
G = 200 d.

martensite. D'ailleurs le chiffre de Brinell est sensiblement le même après le recuit qu'avant.

Aciers cémentés

Cémentation des aciers à basse teneur en carbone.

De 0 à 5 0,0 de tungstène, la cémentation à 1100° pendant huit heures par un mélange de charbon et de carbonate de baryum n'a donné aucun phénomène autre que celui obtenu avec les aciers au carbone.

Toutefois, la perlite est plus déliée. Un acier particulièrement intéressant à étudier lorsqu'il a été cémenté, est celui renfermant 5 0/0 de tungstène. Après la

Fig. 21. — C = 0,126   Tu = 4 905
Cémenté
G = 200 d.

zone qui renferme la perlite, on voit nettement les taches blanches du constituant spécial aux aciers au tungstène.

L'obtention de ce produit par cémentation prouve nettement que c'est un carbure.

Enfin, si l'on cémente les aciers contenant déjà ce constituant, on voit qu'il augmente en quantités du centre au bord.

Il reste à établir la formule du carbure double, ce que nous n'avons pu encore faire.

Conclusions générales.

En résumé : les aciers au tungstène se divisent en deux groupes bien distincts :

1° Les aciers perlitiques ;

2° Les aciers à carbure double.

Les aciers perlitiques possèdent des propriétés analogues aux aciers au carbone ordinaire, mais pour une même dose de carbone ils offrent une charge de rupture, une limite élastique et une dureté d'autant plus élevées, et d'autre part des allongements, des strictions et une résistance au choc d'autant plus faibles que la teneur en tungstène est plus forte.

L'écart qui existe entre les propriétés mécaniques d'un acier au carbone et d'un acier au tungstène à même teneur en tungstène est parfois considérable.

Les aciers perlitiques sont très atteints par la trempe, dans le même sens que les aciers au carbone, mais avec une plus grande intensité.

Le recuit les adoucit nettement.

Les aciers à carbure double ont des propriétés variables avec la teneur en carbone. On peut cependant ajouter qu'ils offrent des charges de rupture et des limites élastiques sensiblement plus faibles que les aciers perlitiques à même teneur en carbone.

Ils possèdent une fragilité moyenne et d'une constance remarquable, quelle que soit leur teneur en carbone et en tungstène.

La trempe à 850° les transforme, en produisant une martensite extrêmement fine et en laissant une partie du carbure non dissous, du moins lorsque la teneur en tungstène est assez élevée. L'acier possède après trempe une charge de rupture, une limite élastique et une dureté beaucoup plus élevées que lorsqu'il est brut de forge.

Diagramme des aciers au tungstène.

Afin de tracer le diagramme des aciers au tungstène nous avons observé un grand nombre d'aciers autres que les précédents. — Nous avons pu déterminer

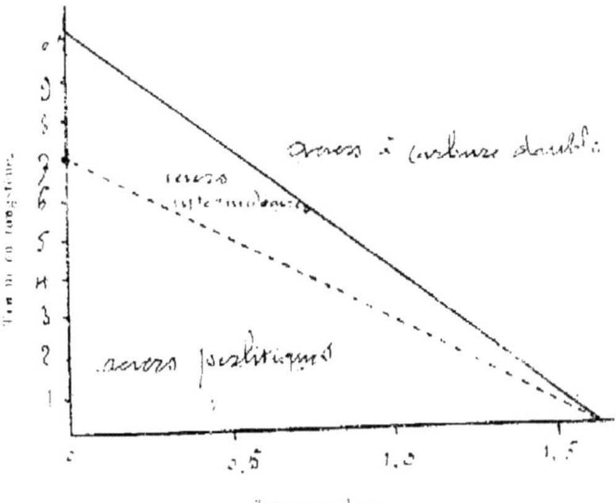

assez aisément par cémentation ou décarburation, si l'acier était bien sur la limite du premier et du deuxième groupe.

Si l'acier était perlitique, une cémentation de deux heures à 900° fait apparaître le carbure double lorsqu'il est sur la limite des deux classes.

Si l'acier était à carbure double, un chauffage à 900° pendant deux heures en présence d'oxyde de fer (méthode de fabrication de la fonte malléable) suffit à faire disparaître les rognons de carbure double sur les bords, quand l'acier est dans la région de séparation des deux groupes.

De cette façon nous sommes arrivés à conclure que le diagramme des aciers au tungstène était donné par la droite joignant le point 1,600 de carbone sur l'axe des x (ce point n'a rien de commun avec le point 1,650 trouvé pour les aciers au nickel et au manganèse) au point 10 de tungstène sur l'axe des y. — Au-dessous de cette droite se trouvent les aciers perlitiques, au delà les aciers à carbure double. Ce diagramme d'une simplicité extrême permet par conséquent de connaître les propriétés d'un acier au tungstène sachant sa composition et inversement de déterminer les pourcentages de carbone et tungstène à utiliser, connaissant les propriétés que l'on désire.

ACIERS AU MOLYBDÈNE

———

Les aciers au molybdène que nous avons utilisés dans nos recherches se divisent en deux classes bien distinctes semblables à celles que nous avons étudiées pour les autres aciers. La première classe est formée par les aciers renfermant environ 0,200 0/0 de carbone, la seconde par les aciers contenant environ 0,800 0/0 de carbone. La teneur en molybdène va en croissant de 0 à 15 0/0.

Le tableau suivant donne leur analyse :

SÉRIE I.

Nᵒˢ des échantillons	C	Mo	Si	S	P	Mn
1	0,188	0,430	0,117	0,009	0,018	0,370
2	0,158	1,005	0,110	0,032	0,018	0,540
3	0,138	2,200	0,128	0,009	0,021	0,368
4	0,289	4,500	0,117	0,039	0,026	0,500
5	0,483	9,300	0,304	0,062	0,026	0,480

SÉRIE II.

Nᵒˢ des échantillons	C	Mo	Si	S	P	Mn
1	0,735	0,504	0,210	0,032	0,021	0,260
2	0,811	1,210	0,019	0,018	0,040	0,396
3	0,814	1,980	0,175	0,034	0,016	0,300
4	0,824	5,750	0,304	0,023	0,020	0,380
5	0,680	9,540	0,243	0,060	0,022	0,360
6	0,692	14,640	0,373	0,090	0,032	0,236

Ces aciers ont été préparés par la Société Commentry-Fourchambault à ses Usines d'Imphy ; les analyses ont été faites au laboratoire de cette usine.

Comme nos études précédentes, ce travail se divise en deux parties bien distinctes :

1° Étude micrographique ;

2° Étude mécanique.

Dans chaque partie nos déterminations ont porté sur des aciers bruts de forge, sur des aciers recuits et sur des aciers trempés.

Faisons de suite remarquer que les aciers à 0,200 0/0 C ne se forgent plus quand ils contiennent 10 0/0 de molybdène, il en est de même pour les aciers à 0,800 0/0 C, lorsqu'ils en renferment 5 0/0. En rapprochant d'ores et déjà ce premier résultat de celui obtenu dans les aciers au tungstène (métal qui présente de nombreuses analogies avec le molybdène) on voit que ce dernier a un effet beaucoup plus actif et qu'il agit comme quatre fois son poids en tungstène. Ce sera d'ailleurs la conclusion à laquelle nous arriverons tout à l'heure.

Aciers bruts de forge

Micrographie

SÉRIE I

Les aciers renfermant 0,45 à 1 0/0 de molybdène présentent de la perlite, mais cette perlite est beaucoup plus divisée que dans les aciers au carbone ordinaire. A 2 0/0 de molybdène, on aperçoit déjà un changement de structure, la perlite existe toujours mais elle est d'une grande finesse et se présente en filaments ex-

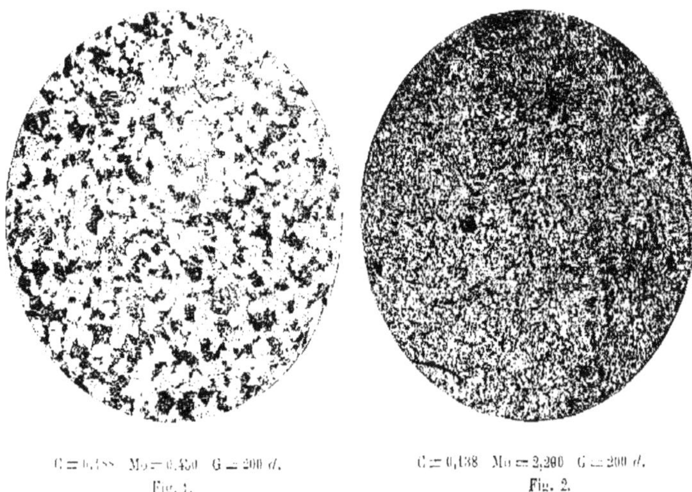

C = 0,455   Mo = 0,450   G = 200 d.
Fig. 1.

C = 0,438   Mo = 2,200   G = 200 d.
Fig. 2.

trêmement déliés. A 5 0/0 de molybdène, on ne voit plus de perlite, on est en présence d'un constituant spécial caractérisé par un vermiculé fin et ténu.

C'est ce constituant que nous rencontrerons toujours dans les aciers à plus haute teneur en molybdène. Parfois le traitement mécanique a épargné quelques cristaux du constituant spécial que l'on distingue en rognons plus ou moins prononcés.

SÉRIE II

Tous les aciers de la deuxième série présentent un aspect spécial ; leur perlite est extrêmement divisée. De plus, dès 1,2 0/0 on aperçoit quelques grains blancs isolés, c'est le constituant spécial.

Ces points blancs s'accentuent au fur et à mesure que le molybdène augmente. A 10 0/0, on voit en dehors des rognons blancs un véritable eutectique qui doit être formé par le fer et le constituant spécial. Cet eutectique se voit déjà d'ailleurs dans les micrographies précédentes.

Les aciers au molybdène se divisent donc en deux classes bien distinctes :

1° Les aciers à perlite qui comprennent ceux renfermant de 0,200 0/0 C et de 0 à 2 0/0 de molybdène et ceux contenant 0,800 0/0 C et de 0 à 1 0/0 de molybdène ;

2° Les aciers à constituant spécial, ce sont ceux contenant au moins 2 0 0 de molybdène ou au moins 1 0/0 de ce produit suivant qu'ils renferment 0,200 0/0 ou 0,800 0/0 de carbone.

C = 0,489   Mo = 9,30   G = 200 d.   C = 0,889   Mo = 9,540   G = 200 d.
Fig. 3.   Fig. 4.

Le seul point à élucider est le suivant : qu'est-ce que le constituant spécial en présence duquel nous nous trouvons ?

Nous remarquons tout d'abord que nous nous trouvons en présence d'une quantité plus ou moins grande de ce constituant spécial suivant que l'acier contient plus ou moins de carbone.

De plus si nous cémentons un peu profondément un acier au molybdène perlitique, nous produisons ce constituant spécial. C'est donc un carbure.

Il nous reste à en fixer la formule : nous espérons que l'analyse chimique nous le permettra d'ici peu.

En résumé, nous voyons que la micrographie des aciers au molybdène nous donne le même résultat que pour les aciers au tungstène mais à cela près que les transformations obtenues avec le tungstène se produisent ici avec quatre fois moins de molybdène.

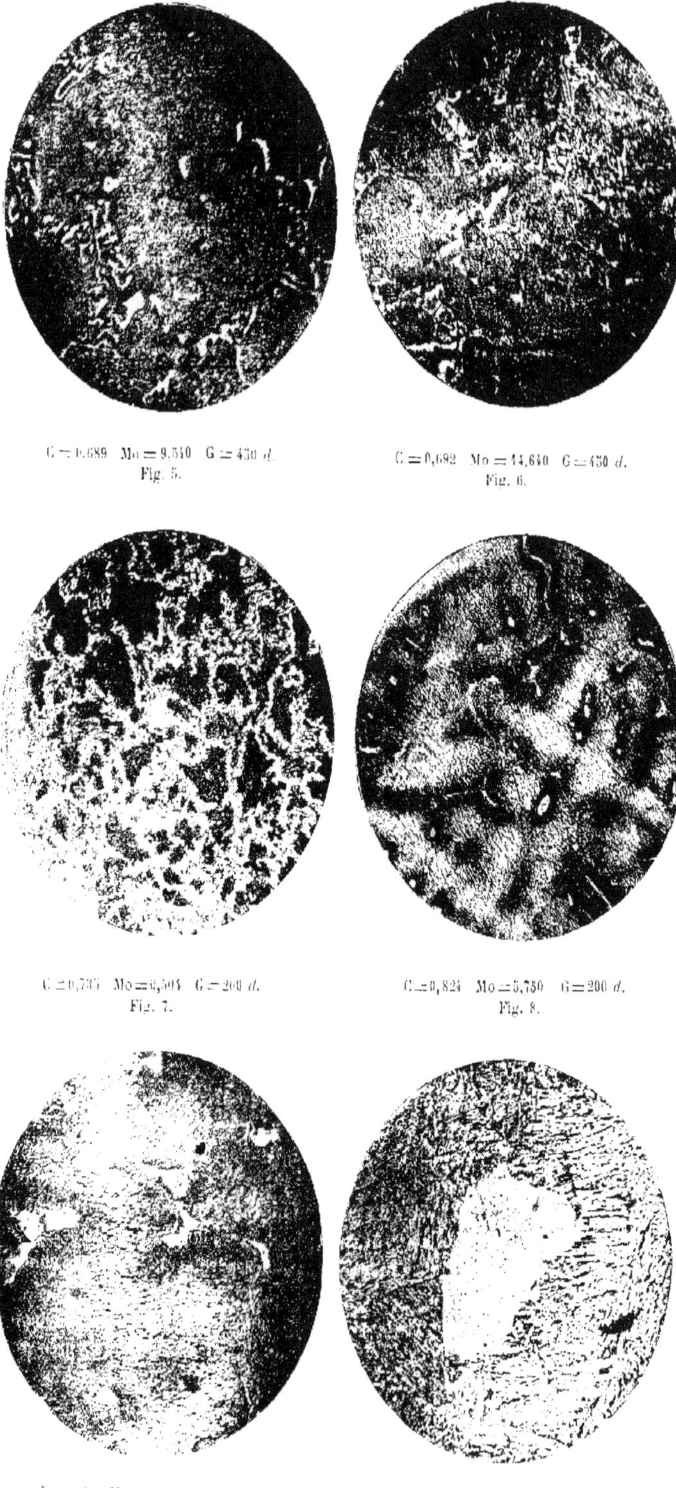

C = 0,689 Mo = 9,510 G = 450 d.
Fig. 5.

C = 0,692 Mo = 14,640 G = 450 d.
Fig. 6.

C = 0,735 Mo = 6,504 G = 200 d.
Fig. 7.

C = 0,824 Mo = 5,750 G = 200 d.
Fig. 8.

C = 0,824 Mo = 5,750 G = 450 d.
Fig. 9.

C = 0,138 Mo = 2,29 G = 200 d.
Recuit à 1200°.
Fig. 10.

ESSAIS MÉCANIQUES.

Les essais mécaniques (traction, choc, dureté) ont été faits sur tous les aciers qui avaient pu être laminés.

1° *Essais à la traction.*

SÉRIE I

Carbone	Molybdène	R	E	A 0/0	Σ
0,188	0,450	48,9	37,6	18,5	60,3
0,158	1,005	64,0	39,5	17,0	66.5
0,138	2,290	82,8	67,7	7,5	12,1
0,289	4,500	130,6	103,2	6,0	7,5

On voit que le molybdène, même en très petites quantités, augmente nettement la charge de rupture.

De plus, nous voyons que dès 2,29 0/0 de molybdène, il y a une transformation très accentuée dans les propriétés mécaniques, les allongements et les strictions diminuent très sensiblement à ce pourcentage, de plus la limite élastique fait un saut très brusque. D'ailleurs les propriétés sont encore plus accentuées dans l'acier à 4,5 0/0 de molybdène. Cet acier bien que ne contenant que 0,289 0/0 C donne 130^{kg},6 de charge de rupture et encore 6 0/0 d'allongement.

SÉRIE II

Carbone	Molybdène	R	E	A 0/0	Σ
0,735	0,504	115,2	82,8	7	7,5
0,811	1,210	120,5	78,3	6,5	5,6
0,814	1,980	143,1	101,7	4	5,2

Ici l'on sent l'influence du molybdène se faire assez nettement sentir à 1,98 0/0 : l'on notera les chiffres élevés obtenus pour la charge de rupture et la limite élastique de cet acier qui sont à peu près les mêmes que pour l'acier de la première série renfermant 4,5 0/0 de molybdène.

2° *Essais au choc et à la dureté.*

SÉRIE I

Carbone	Molybdène	Nombre de kilogrammètres	Chiffre de Brinnell
0,188	0,450	24	131
0,158	1,005	27	118
0,138	2,290	15	212
0,289	4,500	3	387

On retrouve encore la même classification que plus haut, l'influence du constituant spécial se fait sentir dès 2,29 0/0, il amène de la fragilité.

SÉRIE II

Carbone	Molybdène	Nombre de kilogrammètres	Chiffre de Brinnell
0,735	0.504	1	286
0,811	1,210	1	293
0,814	1,980	2	332

Essais à la traction. I. Aciers à 0,800 C.

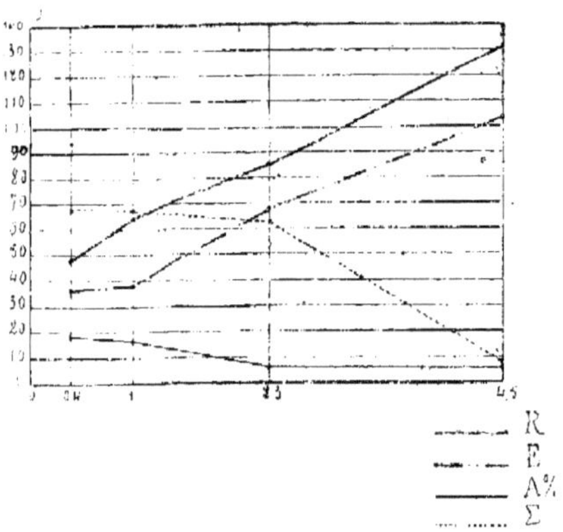

Essais au choc.

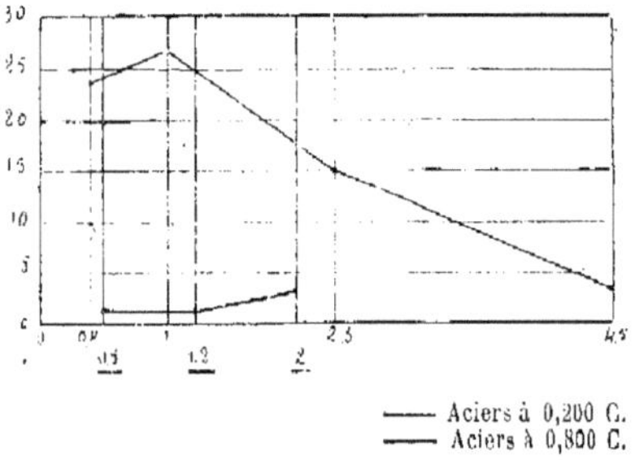

R
E
A%
Σ

Aciers à 0,200 C.
Aciers à 0,800 C.

Essais à la dureté.

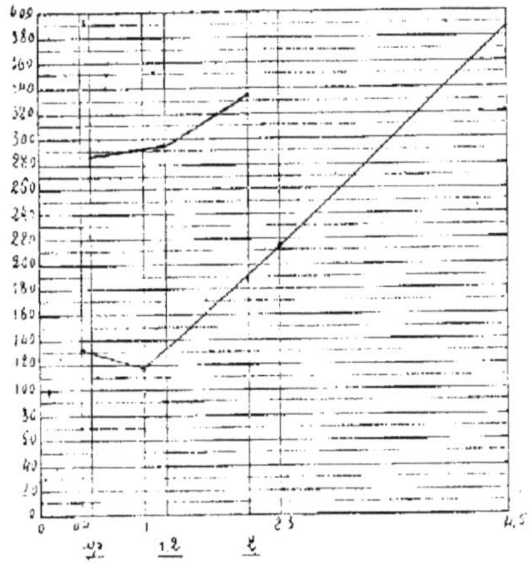

Essais à la traction. II. Aciers à 0,800 C.

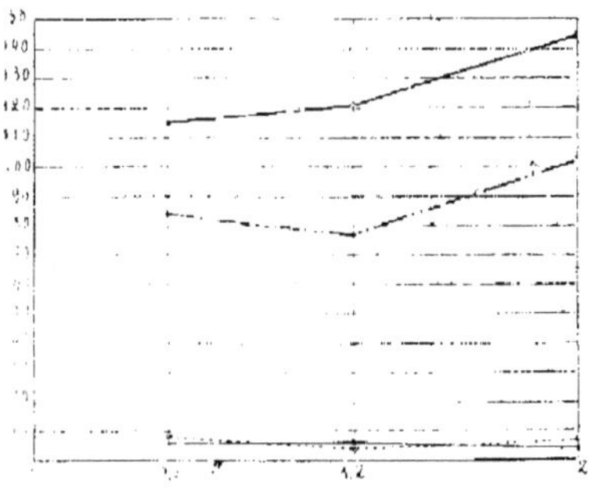

Ici la classification ne se fait pas très nettement, la résistance au choc est faible et la dureté très élevée.

CONCLUSIONS

Les aciers au molybdène se divisent en deux classes distinctes :

1° Les aciers perlitiques ;

2° Les aciers à constituant spécial.

Les aciers perlitiques possèdent de hautes charges de rupture, de hautes limites élastiques, ils ont cependant de belles strictions et des allongements normaux.

De plus, ils offrent une résistance au choc plus élevée que celle des aciers au carbone; mais ils sont durs. Ils semblent devoir être utilisés aux lieux et places des aciers au tungstène qu'emploie la construction, notamment pour les ressorts.

Les aciers à constituant spécial sont fragiles, ils possèdent une dureté remarquable. Ils peuvent être utilisés comme aciers à outils.

En résumé, le molybdène donne les mêmes résultats que le tungstène, *mais à dose quatre fois moins élevée*.

2° Aciers trempés.

A. — Micrographie.

L'étude micrographique des aciers au molybdène ayant subi des traitements nous a conduit à des résultats en tous points semblables à ceux que nous avions trouvé pour les aciers au tungstène.

Nous avons fait sur les aciers au molybdène les deux séries d'essais que nous avions pratiqué sur les aciers au tungstène à savoir des trempes à 850°

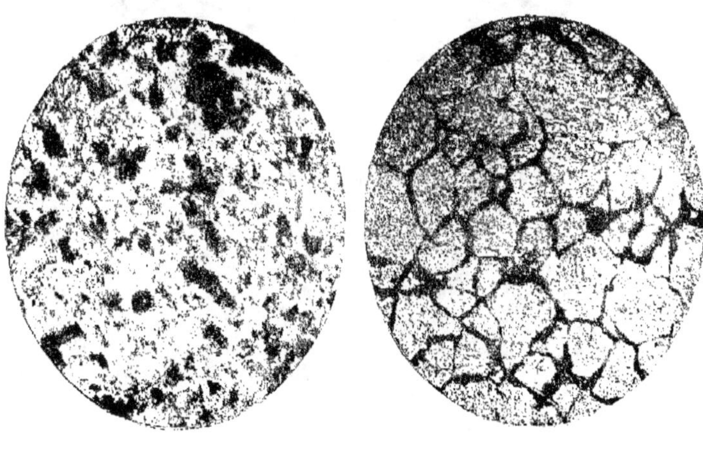

Fig. 11.
C = 0,735   Mo = 0,50 G = 200 d.
Recuit à 900°.

Fig. 12.
C = 0,289   Mo = 0,50   G = 200 d.
Recuit à 1200°.

dans l'eau et des trempes à température très élevée (1.250°) à l'air dans l'eau ou dans le mercure. Les aciers perlitiques deviennent martensitiques dans la trempe à l'eau et au mercure, à 850 et à 1.250°. La trempe à l'air n'apporte aucune modification dans leur structure. Les aciers à carbure double donnent une martensite extrêmement fine ; mais il subsiste une quantité de carbure qui est d'autant plus grande que la vitesse de refroidissement et la température de chauffage sont plus faibles et la teneur en carbone plus élevée. C'est ainsi que l'acier à 5,7 0/0 de molybdène et 0,824 0/0 de carbone donne moins de carbure libre dans une trempe à 1.250° qu'à 850° ; dans une trempe au mercure à 1.250° que dans une trempe à l'eau effectuée à la même température. L'acier renfermant 9,5 0/0 de

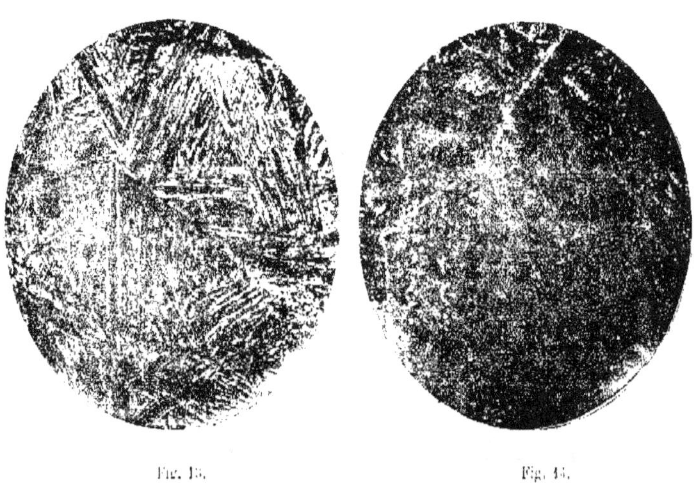

Fig. 13.
C = 5.735   Mo — 0,58   G = 240 d.
Recuit à 1200°.

Fig. 14.
C = 0,814   Mo — 1,580   G = 200 d.
Recuit à 1200°.

molybdène et 0,689 de carbone trempé à 1.250° à l'eau montre plus de carbure double que l'acier à 5,7 0/0 de molybdène et 0,824 0/0 de carbone traité de la même façon. Quant à l'acier à 14,6 0/0 de molybdène, il ne donne jamais par trempe de martensite du moins de la martensite, visible au microscope.

Comme les aciers au tungstène, certains aciers au molybdène prennent la trempe à l'air, mais toujours superficiellement. Ce phénomène est visible avec les aciers au molybdène renfermant 0,800 de carbone et plus de 1,7 de molybdène. La température de trempe a, ici encore, une influence très nette ; plus elle est élevée, plus on obtient de martensite fine.

B. — Propriétés mécaniques.

1° Essais à la traction.

Le tableau suivant donne les résultats des essais à la traction faits sur les aciers de la 1ᵉ série trempés à 850°.

Carbone	Molybdène	R	E	A 0/0	Z
0.188	0,45	84,3	48,3	2	12,7
0,158	1,00	75,3	46,7	3	12,4
0,138	2,29	82,8	82,8	6	11,5
0,289	4,50	122,0	84,3	2	12,7

Les aciers de la 2ᵉ série n'ont pu être essayés : ils « tapent » tous à la trempe. Ces résultats montrent combien les aciers au molybdène perlitiques, même à faible teneur en carbone, sont atteints par la trempe.

Le premier acier qui ne renferme que 0,188 0/0 de carbone en est un excellent exemple. D'ailleurs les allongements et la striction ont diminués sensiblement et ont même atteint des valeurs très faibles.

Au contraire les aciers à carbure double ne sont pas atteints par la trempe.

Essais au choc et à la dureté

Carbone	Molybdène	Choc	Dureté
0.188	0,45	5	207
0,158	1,00	8	196
0,138	2,29	7	228
0,289	4,50	5	344
0,735	0,50	0	512
0,811	1,21	0	444
0,814	1,98	1	532

La trempe augmente considérablement la fragilité et la dureté des aciers au molybdène, surtout des aciers perlitiques, même lorsqu'ils contiennent peu de carbone.

Autres expériences. — Nous avons voulu examiner l'influence de la trempe à l'air sur les aciers au molybdène. — Nous avons trouvé des résultats identiques à ceux auxquels nous avait conduit l'étude des aciers au tungstène. — La dureté amenée par ce traitement, est extrèmement faible ce qui, nous l'avons déjà dit, s'explique très aisément. La seule partie transformée en martensite étant la superficie, nous avons obtenu :

Carbone	Molybdène	Essais au choc	Essais à la dureté
0,735	0,504	2 kgm.	354
0,811	1,210	1 —	340
0,814	1,980	2 —	342

On voit que le chiffre de dureté du dernier de ces aciers n'a pas changé.

3° Aciers recuits

Les expériences de recuit ont été faites les unes à 900° pendant 4 heures, les autres à 1.200° pendant le même temps.

A. — Micrographie.

Nous avons rencontré dans les aciers au molybdène le même phénomène que celui déjà signalé pour les aciers au tungstène : certains aciers qui se trouvent sur la limite des aciers perlitiques et des aciers à carbure double ne présentent plus après recuil à 1.250° de perlite ni de carbure double ; mais bien des

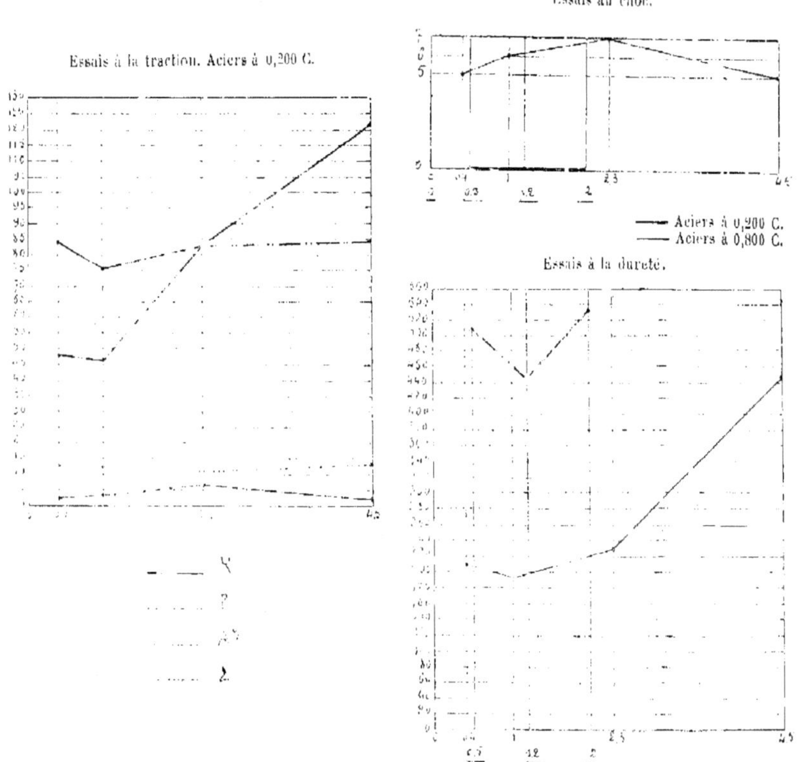

aiguilles assez fines qui affectent parfois la forme de la martensite ; elles apparaissent en noir dans l'attaque au picrate de soude.

Comme nous l'avons déjà fait remarquer ceci prouve bien que ce n'est pas de la martensite. D'autre part une trempe à 850° fait toujours disparaître ce constituant, auquel se substitue alors une martensite fine.

Enfin cette structure ne correspond pas du tout aux propriétés que l'on rencontre dans les aciers à haute teneur en carbone trempé.

Ce phénomène est visible même dans aciers à faible teneur en molybdène. C'est ainsi que l'acier à 0,5 0/0 de molybdène et 0,735 0/0 de carbone recuit à 1.200° donne la microstructure très caractéristique de la photographie. Plus la teneur en molybdène augmente, moins cette structure est nette. On l'aperçoit encore dans l'acier à 0,98 0/0 de molybdène et 0,814 de carbone ; on ne la voit plus du tout dans l'acier à 5,7 0/0 de molybdène.

La température de 1.250° ne semble pas être nécessaire pour qu'elle apparaisse. C'est ainsi qu'un recuit à 900° pendant 4 heures de l'acier à 0,5 0/0 de molybdène et 0,735 0/0 de carbone donne déjà des aiguilles assez nettes.

Ce phénomène est surtout accentué chez les aciers riches en carbone.

Lorsqu'on recuit les aciers à faible teneur en carbone on obtient bien des aiguilles fines, comme le montre la photographie qui représente un acier à 0,138 0/0 de carbone et 2,29 0/0 de molybdène recuit à 1.200° pendant 4 heures ; mais des aciers plus riches en molybdène donnent alors de la troostite qui borde des polyèdres remplis de ces aiguilles très fines ; ce phénomène apparaît nettement dans la photographie qui représente un acier à 0,289 0/0 de carbone et 4,5 0/0 de molybdène recuit à 1.200°.

B. — Propriétés mécaniques.

Le recuit produit un adoucissement sensible pour tous les aciers au molybdène. C'est ainsi que :

L'acier à 0,188 0/0 de carbone et 0,45 0/0 de tungstène donne :
Brut de forge, R = 48,9 ; E = 37,6 ; A 0/0 = 18,5 ; Σ = 69,3.
Recuit à 900° pendant 4 heures, R = 45,3 ; E = 34,2 ; A 0/0 = 16 ; Σ = 43,5.
L'acier à 0,138 0/0 de carbone et 2,29 0/0 de molybdène donne :
Brut de forge, R = 82, 8 ; E = 67,7 ; A 0/0 = 7,5 ; Σ = 62,1.
Recuit à 900° pendant 4 heures, R = 75,4 ; E = 58,5 ; A 0/0 = 3,5 ; Σ = 7,5.
L'acier à 0,735 0/0 de carbone et 0,50 0/0 de molybdène donne :
Brut de forge, R = 115,2 ; E = 82,8 ; A 0/0 = 7 ; Σ = 7,5.
Recuit à 900° pendant 4 heures, R = 105,8 ; E = 75,3 ; A 0/0 = 3 ; Σ = 4,5.
L'acier à 0,814 0/0 de carbone et 1,98 0/0 de molybdène donne :
Brut de forge, R = 143,1 ; E = 101,7 ; A 0/0 = 4 ; Σ = 5,2.
Recuit à 900° pendant 4 heures, R = 125,7 ; E = 93,3 ; A 0/0 = 2 ; Σ = 5,2.

On remarquera que les allongements et la striction ont baissé en même temps que la charge de rupture et la limite élastique.

ACIERS CÉMENTÉS

Les expériences de cémentation ont porté sur quelques aciers de la 1ʳᵉ série à basse teneur en carbone.

Quand on cémente à 1.100° pendant 8 heures l'acier à 0,158 0/0 de carbone et 1,00 0/0 de molybdène on obtient au centre de la perlite qui affecte une forme extrêmement divisée et qui se présente même parfois en aiguilles très fines : puis ces aiguilles apparaissent très nettes et sur le bord on rencontre des rognons du constituant spécial.

Ceci démontre bien que ce constituant est un carbure.

CONCLUSIONS GÉNÉRALES

Ces recherches montrent combien les aciers au molybdène se rapprochent des aciers au tungstène.

Comme eux ils se divisent en deux groupes :

1º Les aciers perlitiques ;

2º Les aciers à carbure double.

Les premiers possèdent, pour une même teneur en carbone, une charge de rupture et une limite élastique d'autant plus élevées qu'ils renferment plus de molybdène ; leur fragilité n'est pas grande ; leur dureté est assez élevée.

Leurs propriétés mécaniques sont considérablement modifiées par la trempe et cela dans le même sens que les aciers au carbone.

Les aciers à carbure double sont toujours à très haute charge de rupture et limite élastique ; ils ont de faibles allongements et strictions ; ils sont fragiles et très durs

Par trempe à 850º ils donnent de la martensite, mais il reste du carbure non dissous et cela d'autant plus que la teneur en molybdène est plus élevée.

DIAGRAMME DES ACIERS AU MOLYBDÈNE

En nous basant sur les mêmes considérations que celles données pour les aciers au tungstène, nous avons pu tracer le diagramme des aciers au molybdène. — On obtient le même point sur l'axe des x, 0,600, que pour les aciers au tungstène. Mais la trempe séparant les aciers perlitiques des aciers à carbure double est la droite aboutissant au point 2,5 de l'axe des y (pourcentages en molybdène. — Il y a une zone d'aciers intermédiaires formée de perlite et de carbure double, comme pour les aciers au tungstène.

LES ACIERS A L'ÉTAIN

Étant donné l'analogie qui existe entre le silicium, le titane et l'étain, nous avons cru intéressant de faire préparer aux aciéries d'Imphy quelques échantillons d'aciers à l'étain.

Voici les analyses de ces produits :

C	Sn	Mn	Si	S	P
0,204	1,79	0,040	0,373	0,014	0,050
0,152	5,02	0,160	traces	0,014	0,106
0,100	9,98	0,165	0,047	0,020	0,163
0,760	2,05	0,100	0,373	0,020	0,020
0,665	4,80	0,343	0,232	0,008	0,057
0,767	9,75	0,523	0,573	0,026	0,098

Nous avions donc d'une part des aciers peu carburés, d'autre part des aciers très carburés. Bien que ces teneurs en étain ne soient pas très rapprochées, il nous a été possible de déterminer l'influence de ce corps.

Aucun des aciers préparés n'a pu être forgé, si ce n'est l'acier à 0,760 de carbone et 2,05 d'étain; ceci doit être attribué à deux causes, tout d'abord à une dureté minéralogique extrêmement élevée, d'autre part à une extrême fragilité.

Il est à noter que les aciers carburés, semblent se travailler plus aisément que les aciers à faible teneur en carbone.

ACIERS BRUTS DE FORGE

Étude micrographique. — Dans la première série de 0 à 5 0/0 d'étain, on trouve de la perlite et de la ferrite, comme dans les aciers au carbone ordinaires (fig. 1).

A 5 0/0, on trouve toujours de la perlite, et de la ferrite; mais quand l'attaque est un peu prolongée, on aperçoit autour de la perlite des taches blanches, absolument semblables à celles que l'on trouve dans les aciers au silicium dont une partie du carbone est précipitée à l'état de graphite. Sur le photogramme 2, qui représente l'acier à 0,152 0/0 de carbone et 5,02 0/0 d'étain, brut de forge et attaqué à l'acide picrique, le fond est de la ferrite, on voit de plus ces taches blanches qui environnent un lambeau de perlite.

Ceci semble indiquer, comme pour le silicium, qu'il existe deux solutions fer-étain.

Lorsque l'on augmente la teneur en étain, on trouve toujours de la perlite, et l'on voit encore ces taches blanches qui prennent quelquefois la forme d'aiguilles assez fines.

Dans aucun cas on ne rencontre de graphite dans ces aciers.

La seconde série donne des résultats absolument analogues. On trouve toujours de la perlite; mais à partir de 5 0/0, la ferrite qui entoure cette perlite présente des caractères un peu particuliers: c'est ainsi qu'elle apparaît par simple polissage en bas-relief.

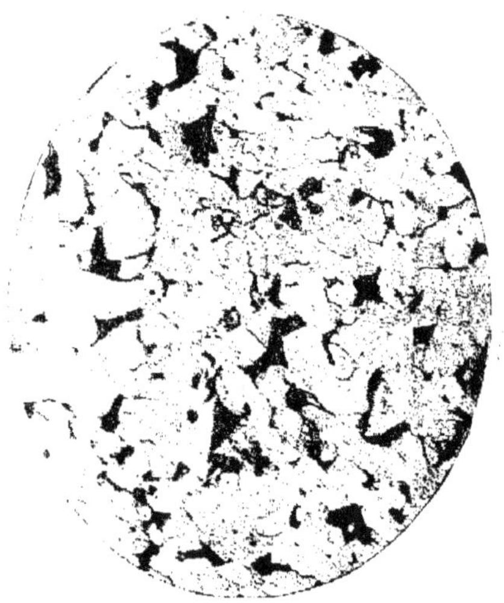

Fig. 1. — Acier à l'étain.
C = 0,204   Sn = 1,79.
G = 200 d.

On peut donc conclure que dans les aciers à l'étain renfermant moins de 10 0/0 d'étain, tout le carbone est à l'état de carbure de fer; l'étain est en solution dans le fer, mais il semble se former plusieurs solutions, peut-être même faut-il voir dans l'existence des aiguilles blanches, l'indication de la présence d'un stannure de fer. L'étude des alliages étain-fer que nous entreprenons le prouvera.

Propriétés mécaniques. — Nous avons déjà dit qu'un seul de ces aciers avait pu être laminé, celui renfermant 0,760 0/0 de carbone et 2,05 0/0 d'étain. En somme le constituant dur est certainement la solution fer-étain; ceci explique pourquoi des aciers riches en carbone et qui par conséquent contiennent moins de ferrite sont plus aisés à travailler.

Quant aux autres propriétés mécaniques, elles n'ont pu être déterminées.
L'acier qui avait été laminé possédait une telle fragilité que dans le trans-

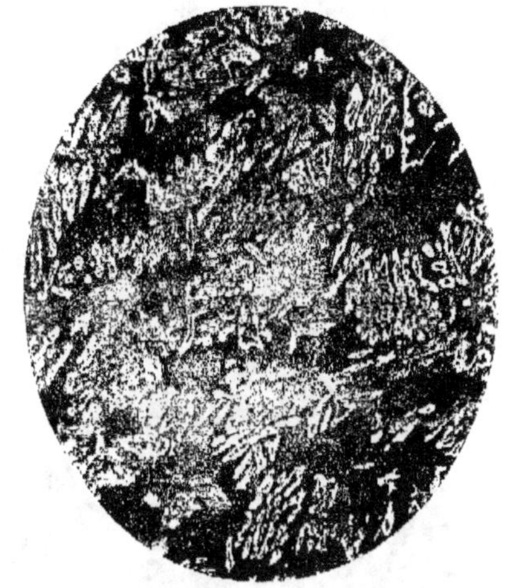

Fig. 2 — Acier à l'étain.
$C = 0,152$ $Sn = 3,02$.
$G = 50 d$.

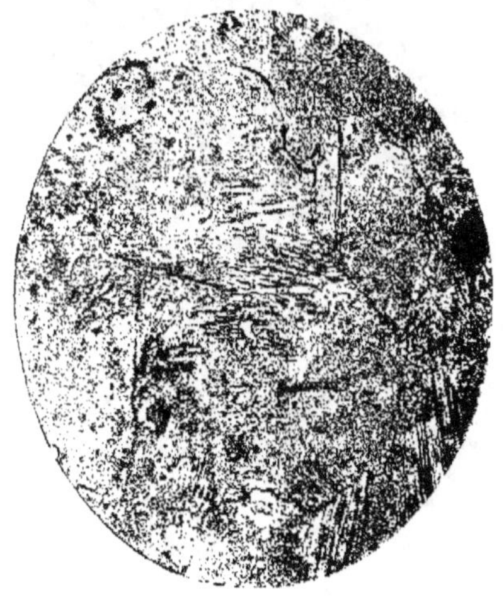

Fig. 3. — Acier à l'étain.
$C = 0,100$ $Sn = 9,98$.
$G = 50 d$.

port d'Imphy à Paris il s'est brisé en un grand nombre de morceaux. L'un d'eux a été recuit à 900° et refroidi lentement. Il a donné de 0 à 2 kilogrammètres au mouton Frémont.

On peut conclure que l'étain apporte une dureté et une fragilité extrêmement grandes.

ACIERS TRAITÉS

Les traitements, trempe et recuit, apportent dans les aciers à l'étain les mêmes modifications que dans les aciers au carbone.

Fig. 1. — Acier à l'étain.
C = 0,665   Sn = 4,80
G = 200 d.

Il est à noter toutefois que la martensite obtenue par trempe ne semble se produire que là où préexistait la perlite. Nous en étudierons un exemple beaucoup plus net, donné par les aciers à l'aluminium. En tous les cas il paraît bien ici que la solution fer-étain n'est pas susceptible de dissoudre le carbure de fer.

L'influence du recuit sur les aciers à l'étain n'est pas autre que sur les aciers au carbone. Il est à noter toutefois que nous n'avons rencontré dans aucun cas de précipitation de carbone et de formation de graphite, bien que nous ayons recuit ces aciers pendant 10 heures à 1.200°. Sous ce rapport l'étain ne joue pas le même rôle que le silicium.

Le traitement le plus intéressant à étudier est assurément la cémentation.

Qu'on me permette d'insister ici sur un point que j'ai déjà développé ailleurs (1), mais que je n'ai pas encore eu l'occasion d'exposer dans cette Revue.

Les éléments dissous dans le fer diminuent la vitesse de cémentation, les éléments qui paraissent se trouver à l'état de carbure l'activent.

Voici les résultats que nous avons obtenus pendant le même temps et à la même température (tous ces aciers renferment environ 0,150 C 0/0).

Fig. 5. — Acier à l'étain.
$C = 0,767$ $Su = 9,75$.
$G = 200$ d.

	Pénétration en dixièmes de millimètre			Pénétration en dixième de millimètre
Acier au carbone	9	1 0/0	Mo	9
2 0/0 Ni	7	2	Mo	11
5 0/0 Ni	5	2	Ti	8
0,5 Mn	11	1	Ti	7
1 Mn	12	0.5	Si	6
1 Cr	1	1	Si	5
2 Cr	11	2	Si	4
0,5 W	9	5	Si	0
1 W	9	1	Al	4
2 W	12	3	Al	2
		2	Sn	6
		5	Sn	5
		10	Sn	3

Le nickel, le titane, le silicium, l'aluminium diminuent la vitesse de pénétra-

(1) *Comptes-rendus de l'Académie des Sciences. — Bulletin de la Société des Ingénieurs civils*, février 1904.

tion, tandis que le manganèse, le tungstène, le chrome, le molybdène l'augmentent.

On voit de plus que l'étain retarde considérablement la cémentation.

CONCLUSIONS

L'étain apporte une dureté minéralogique et une fragilité très grandes. Il entre
en solution dans le fer et paraît former avec lui une combinaison. Dans les aciers
à l'étain, dont la teneur en ce métal ne dépasse pas 10 0/0, tout le carbone est à
l'état de perlite.

On voit par ces conclusions que les aciers à l'étain se rapprochent beaucoup
plus des aciers au titane que des aciers au silicium : comme ceux-là ils possèdent
tout leur carbone à l'état de carbure, du moins tant que la dose d'étain n'est pas
supérieure à 10 0/0.

LES ACIERS AU TITANE

Généralités

On a beaucoup parlé des aciers au titane ; certains en ont même vanté les qualités, sans cependant les préciser ; quelques fabricants ont fait des essais isolés, peu cependant ont continué à en employer. Je dois toutefois signaler qu'une marque française d'aciers à outils utilise ce métal.

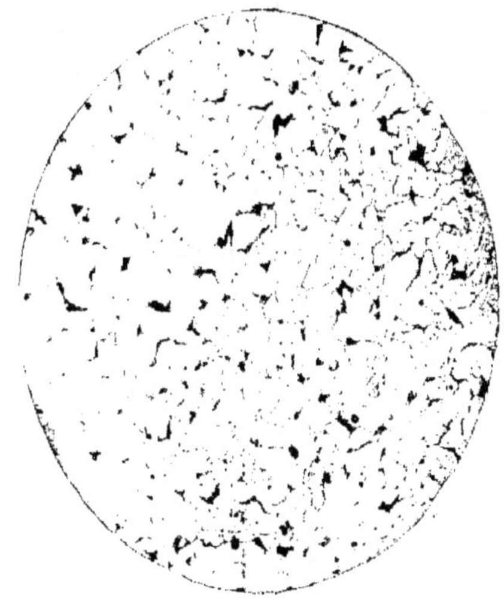

Fig. 1. — Acier au titane.
$C = 0,137$ $\qquad$ $Ti = 1,39$
$G = 200\ d.$

Il nous a paru intéressant d'étudier systématiquement ces aciers comme nous l'avons fait jusqu'ici. Ici cependant, nous nous sommes trouvés en présence d'une difficulté toute particulière, provenant de la haute teneur en carbone du ferrotitane ; c'est ainsi que, comme aciers contenant environ 0,150 0/0 de carbone, il nous a été impossible d'en obtenir renfermant plus de 3 0/0 de titane.

D'autre part, nous avons étudié des aciers au titane renfermant jusqu'à 9 0/0 de ce métal et contenant environ 0,700 de carbone.

Lorsque l'on augmente la teneur en titane, on se trouve en présence de difficulté de fusion insurmontable du moins dans les fours à creusets employés dans les usines métallurgiques. Tous ces produits ont été préparés aux aciéries d'Imphy et les analyses ont été faites aux laboratoires de cette usine.

Le tableau suivant donne la composition des aciers utilisés :

SÉRIE I

C	Ti	Si	S	P	Mn
0,112	0,415	0,047	0,015	0,018	0,180
0,106	0,879	0,163	0,025	0,020	0,140
0,137	1,398	0,105	0,007	0,020	0,170
0,135	2,570	0,140	0,017	0,010	0,310

SÉRIE II

C	Ti	Si	S	P	Mn
0,560	0,325	0,292	0,015	0,015	0,230
0,595	0,650	0,256	0,024	0,025	0,240
0,624	0,720	0,350	0,011	0,021	0,230
0,611	2,575	0,411	0,025	0,015	0,270
0,635	4,630	0,346	0,018	0,013	0,315
0,630	8,710	0,163	0,011	0,016	0,450

Micrographie.

Tous les aciers ont été attaqués à l'acide picrique. Ils n'ont accusé que les structures des aciers au carbone à même teneur en cet élément.

Le titane, jusqu'à 9 0/0 ne modifie donc pas la microstructure des aciers ; il est dissous dans le fer. L'étude des aciers trempés et recuits nous a conduits à la même conclusion.

Essais mécaniques

A. — Essais mécaniques sur aciers bruts de forge.

1° *Essai à la traction.*

SÉRIE I

Composition					
Carbone	Titane	R	E	A 0/0	Σ
0,122	0,415	40,7	33,9	20	68,4
0,106	0,879	45,2	37,6	19	67,5
0,137	1,398	48,2	36,1	19	62,1
0,133	2,570	45,2	34,6	17,5	68,4

SÉRIE II

| Composition | | | | | |
Carbone	Titane	R	E	A 0/0	Σ
0,760	0,325	94,1	54,9	7,5	19,0
0,695	0,640	94,1	52,6	9	28,4
0,624	1,720	87,7	53,3	10	36,7
0,611	2,575	90,4	58,8	10,5	34,7
0,635	4,630	89,8	57,8	9,5	34,2
0,650	8,710	117,5	62,5	8,5	29,7

On voit que ces aciers ne présentent aucune propriété spéciale et même en laissant de côté l'acier renfermant 8,7 0/0 de titane, on ne voit pas croître régulièrement la charge de rupture et la limite élastique, du moins cette croissance est loin d'être rapide.

2° Essais au choc et à la dureté.

SÉRIE I

| Composition | | Nombre de | Chiffre de |
Carbone	Titane	kilogrammètres	Brinell
0,122	0,415	25	99
0,106	0,879	24	105
0,137	1,398	25	101
0,135	2,570	29	90

SÉRIE II

| Composition | | Nombre de | Chiffre de |
Carbone	Titane	kilogrammètres	Brinell
0,760	0,325	3	207
0,695	0,640	3	207
0,624	1,720	3	212
0,611	2,575	3	212
0,635	4,630	4	212
0,650	8,710	5	248

Tous ces essais ne montrent aucune classification et c'est là une vérification intéressante de ce point que semble bien démontrer nos premières recherches, à savoir qu'à un changement dans les propriétés mécaniques correspond un changement dans la microstructure.

B. — Essais sur aciers trempés.

Ces essais ont été pratiqués sur éprouvettes chauffées à 850° et trempées à l'eau froide.

1° Essais à la traction.

SÉRIE I

Carbone	Titane	R	E	A 0/0	Σ
0,122	0,415	51	47,2	10	59,2
0,106	0,879	58	51,2	7,5	63,9
0,137	1,398	61,3	52,1	8	58,2
0,135	2,570	66,2	45,2	9,5	52,0

Fig. 3. — Acier au titane.
$C = 0,635$ $Ti = 4,639$
$G - 200 \, d.$

Fig. 4. — Acier au titane.
$C = 0,641$ $Ti = 2,55$
$G - 200 \, d.$

SÉRIE II

Un très grand nombre d'aciers de la série II ont tapé à la trempe, quelques-uns ont pu cependant être essayés.

Carbone	Titane	R	E	A 0/0	Σ
0,611	2,575	120,3	78,5	2	4
0,650	8,710	132.5	80,3	0	0

Les résultats obtenus sont un peu plus élevés qu'avec des aciers au carbone, mais l'accroissement de la charge de rupture dû à la présence de titane n'est pas élevé et l'avantage obtenu de ce côté se trouverait aisément par une addition d'autres métaux de prix beaucoup moins élevés, le chrome, par exemple.

2° *Essais au choc et à la dureté.*

SÉRIE I

| Composition | | Nombre de | Chiffre de |
Carbone	Titane	kilogrammètres	Brinell
0,122	0,415	24	114
0,106	0,879	25	153
0,137	1,398	8	126
0,135	2,570	12	143

SÉRIE II

| Composition | | Nombre de | Chiffre de |
Carbone	Titane	kilogrammètres	Brinell
0,760	0,325	3	455
0,695	0,640	2	412
0,624	1,720	2	387
0,611	2,575	3	340
0,635	4,630	4	366
0,650	8,710	3	477

Ces chiffres ne dénotent aucune modification importante, il semble cependant que le titane augmente un peu la fragilité de l'acier trempé.

Ceci d'ailleurs n'a rien d'anormal, nous avons déjà rencontré ce fait intéressant avec d'autres aciers ; il se peut, en effet, que la martensite contenant du titane fût plus fragile que la martensite ordinaire.

En résumé, l'étude micrographique aussi bien que l'étude mécanique des aciers au titane montre que ce métal a une influence sensiblement nulle sur les propriétés des aciers au carbone et qu'ils ne présentent aucun intérêt industriel.

LES ACIERS AU VANADIUM

AVANT-PROPOS

Aucune étude d'ensemble n'a été publiée sur les aciers au vanadium. Différentes recherches ont bien été faites sur les changements apportés par le vanadium dans les propriétés de certains aciers spéciaux notamment des aciers au nickel. Mais il n'a pas été fait de travail systématique sur les alliages fer-carbone-vanadium.

Nous avons étudié deux séries d'aciers au vanadium, l'une peu carburée, l'autre à environ 0,850 0/0 carbone. Ces aciers ont été préparés et analysés aux aciéries d'Imphy de la Société Commentry-Fourchambault.

Le tableau suivant donne l'analyse de ces aciers.

SÉRIE I

C	Va	Mn	Si	S	Ph
0,114	0,290	6,125	0,105	0,031	0,031
0,131	0,600	0,305	0,193	0,021	0,058
0,141	0,750	0,445	0,304	0,027	0,038
0,112	1,04	0,380	0,256	0,021	0,057
0,130	1,54	0,380	0,248	0,015	0,048
0,200	2,415	traces	0,221	0,005	0,015
0,187	2,98	0,860	0,292	0,025	0,082
0,382	5,37	0,196	0,607	0,023	0,057
0,130	7,395	traces	0,409	0,015	0,112
0,120	10,275	traces	0,589	0,016	0,160

SÉRIE II

C	Va	Mn	Si	S	Ph
0,816	0,250	0,445	0,326	0,037	0,031
0,725	0,600	0,555	0,409	0,028	0,062
0,886	0,800	0,539	0,304	0,031	0,038
0,674	1,15	0,509	0,248	0,019	0,048
0,618	1,58	0,340	0,292	0,021	0,053
0,950	2,83	0,224	0,424	0,025	0,045
0,666	3,065	0,700	0,356	0,022	0,058
1,084	4,94	0,449	0,457	0,013	0,020
0,737	7,85	0,309	0,745	0,046	0,122
0,858	10,25	0,562	0,993	0,048	0,049

1° Aciers bruts de forge

A. *Micrographie*. — Si l'on considère les aciers de la première série lesquels sont peu carburés on trouve de la perlite semblable à celle des aciers au carbone tant que la teneur en vanadium est inférieure à 0,7 0/0 ; mais dans l'attaque à l'acide picrique, la ferrite semble se colorer en brun d'autant plus aisément que la teneur en vanadium est plus élevée. Au-delà de 0,7 0/0 de vanadium on voit toujours de la perlite, mais on aperçoit très nettement dans cette perlite des grains blancs, qui apparaissent même par polissage en bas-relief.

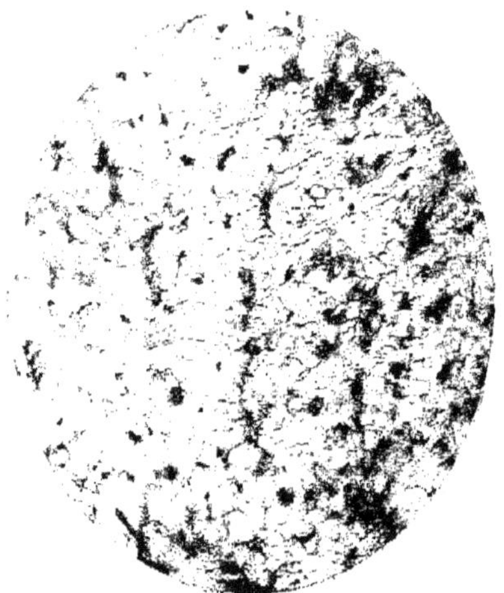

Fig. 1. — C = 0,131   Va = 0.60   G = 200 d.

On voit ces grains blancs envahir de plus en plus la préparation de telle sorte qu'à 3 0/0 de vanadium on ne voit plus du tout de perlite mais bien des grains isolés qui affectent souvent la forme triangulaire.

Ces grains augmentent nettement avec la teneur en vanadium.

Les aciers de la deuxième série donnent des résultats analogues ; seuls changent les pourcentages de vanadium pour lesquels on note les changements micrographiques.

On voit que jusqu'à 0,5 0/0 on obtient de la perlite pure ; au-delà de 0,5 0/0 on trouve de la perlite et le constituant spécial.

Enfin à partir de 7 0/0 on ne rencontre plus du tout de perlite on ne voit plus que le constituant spécial très développé et en abondance d'autant plus grande que le pourcentage du vanadium est plus élevé.

Un point assez curieux à noter est la constitution des aciers qui renferment simultanément la perlite et le constituant particulier.

Ils présentent une texture se rapprochant beaucoup des aciers à 0,600-0,700 C alors qu'ils en contiennent réellement 0,900 à 1 0/0 C. Nous en verrons ultérieurement l'explication.

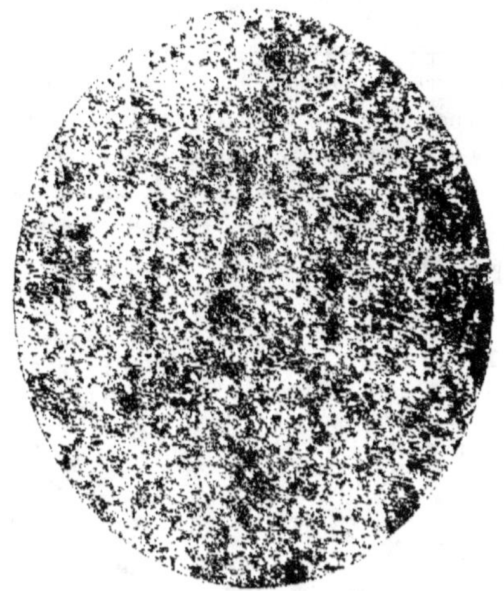

Fig. 2. — C = 0,187   Va = 2,08   G = 200 d.

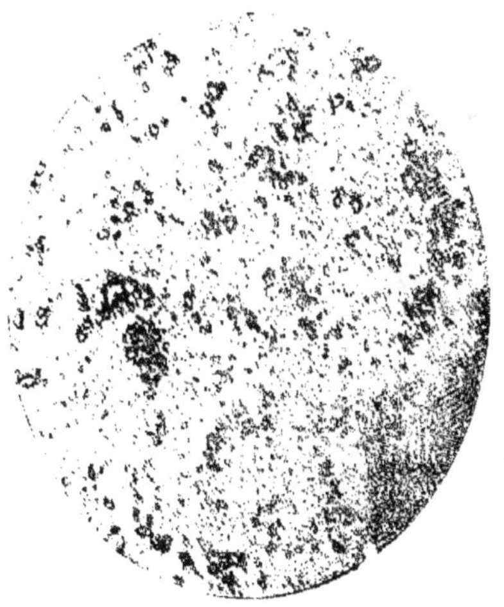

Fig. 3. — C = 0,387   Va = 3,3   G = 28 d.

En résumé la constitution des aciers au vanadium bruts de forge est donnée dans le tableau suivant :

	Aciers à 0,200 C environ	Acier à 0,800 0/0 C environ
Aciers à perlite seule	0 à 0.7 0/0 de Va	0 à 0,5 0/0 de Va
Aciers à perlite et à constituant spécial . .	0.7 à 3 0/0 de Va	0.5 à 7 0/0 de Va
Aciers à constituant spécial	Va $>$ 3 0/0	Va $>$ 7 0/0

Il reste à définir le constituant spécial : nous n'avons pas cherché à l'isoler, mais nous pouvons d'ores et déjà certifier que c'est un carbure.

Les expériences de cémentation que nous décrivons plus loin le prouvent très nettement. — De plus nous avons vu que la quantité de ce constituant augmente avec la teneur en carbone, ce qui constitue, d'ores et déjà une preuve à l'appui de cette assertion.

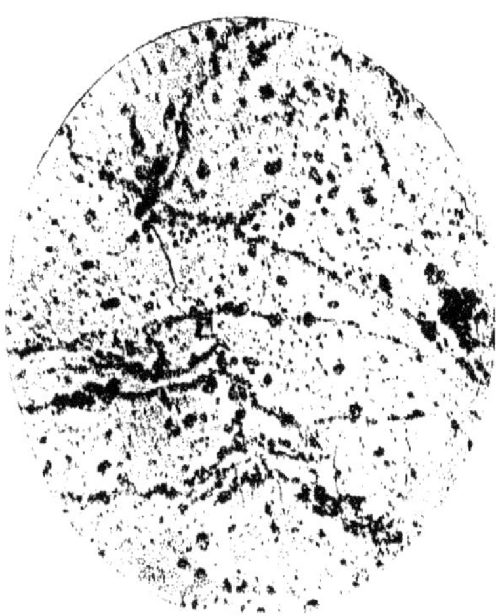

Fig. 4. — C $=$ 0,130   Va $=$ 7,40   G $=$ 200 d.

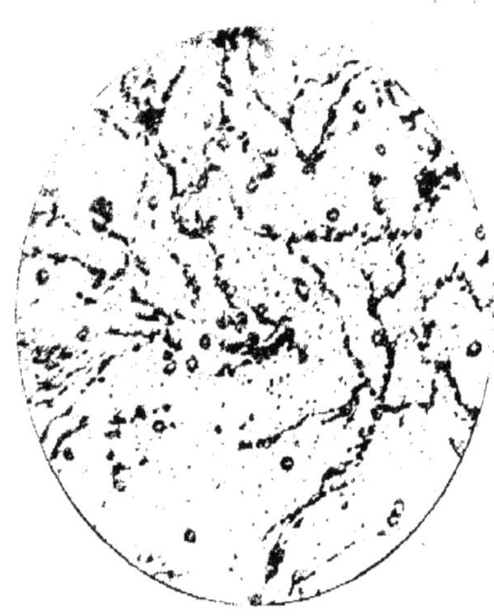

Fig. 5. — C $=$ 0,120   Va $=$ 10,27   G $=$ 200 d.

Ceci explique bien pourquoi nous avons noté que la structure de certains aciers conduisaient à une teneur en carbone inférieure à la teneur réelle ; ces aciers sont, en effet, ceux qui renferment simultanément le constituant spécial et de la perlite ; ce constituant spécial absorbe une partie du carbone de l'acier de telle sorte que la quantité de perlite qui reste ne correspond pas du tout à la teneur réelle de l'acier.

De plus ajoutons de suite que les aciers à haute teneur en vanadium sont très hétérogènes ; nous avons examiné très soigneusement une même barre d'acier à 0,120 0/0 de carbone et 10 0/0 de vanadium, plus nous nous avancions vers une certaine extrémité de la barre, plus nous rencontrions — cela jusqu'à une certaine limite — des grains de carbure double. Il semble que le carbure soit de faible densité et ait une tendance très nette à remonter dans le bain. Ceci tend enfin à prouver que ce carbure existe non dissous même quand le fer est à l'état

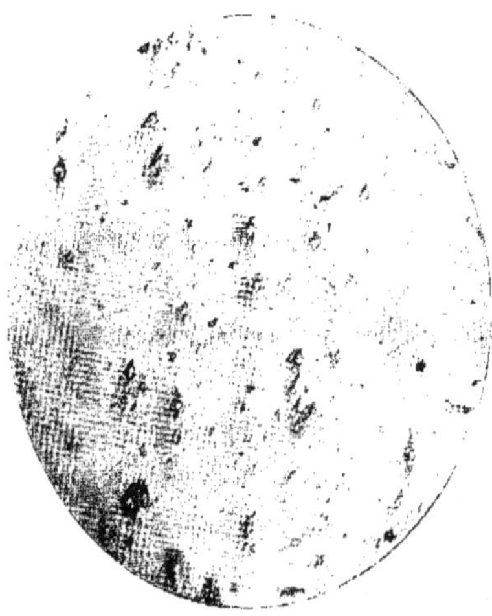

Fig. 5 bis. — C = 0,120   Va = 10,27 (autre vue).

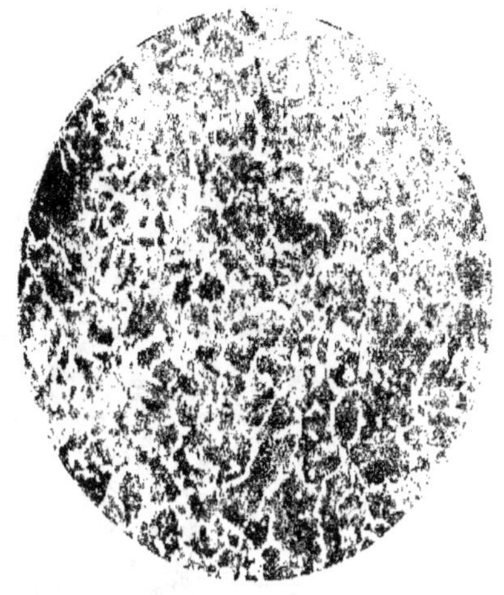

Fig. 6. — C = 0,725   Va = 1,90   G = 200 d.

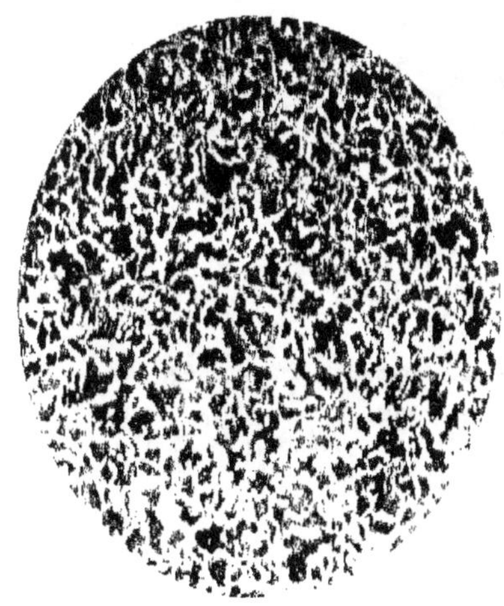

Fig. 7. — C = 0,671   Va = 1,43   G = 200 d.

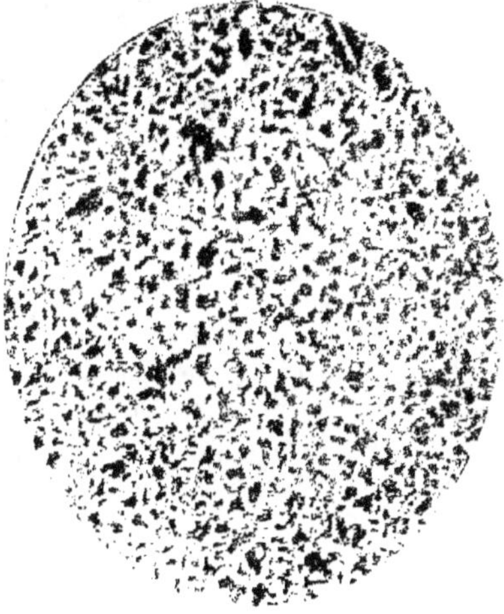

Fig. 8. — C = 0,648   Va = 1,58   G = 200 d.

liquide, c'est bien, comme nous le verrons, ce que semblent prouver les expériences de trempe que nous décrivons plus loin.

En résumé, les aciers à haute teneur en vanadium ne sont pas homogènes.

B. *Propriétés mécaniques*. — Les propriétés mécaniques que nous allons décrire n'ont pas été déterminées sur aciers bruts de forge; mais bien sur aciers portés à 900° et refroidis lentement, c'est-à-dire ayant subi un léger recuit.

Nous verrons, en effet, que les aciers au vanadium sont profondément modifiés, plus que les autres aciers, par le traitement mécanique et thermique;

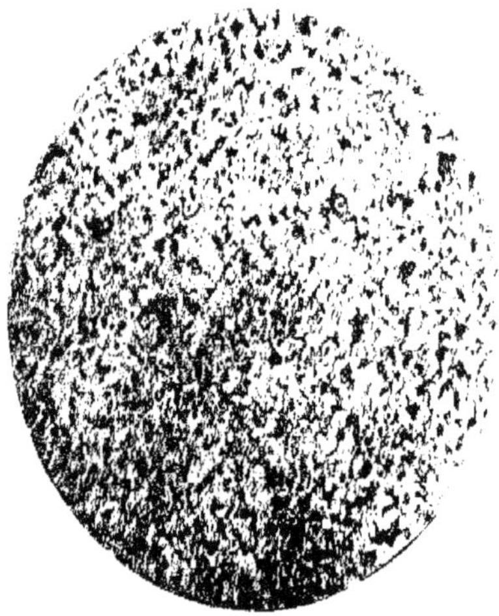

Fig. 9. — C = 0,969   Va = 2,89   G = 200 d.

comme on est dans l'impossibilité de comparer l'état d'écrouissage, il est absolument nécessaire de le détruire par un recuit.

Les résultats que nous donnons dans les tableaux sont des résultats moyens, huit éprouvettes ayant été rompues. Nous détaillons ensuite les résultats obtenus avec quelques-uns des aciers à haute teneur en vanadium, dont certains peuvent paraître surprenants, tant l'hétérogénéité est grande.

1° *Essais à la traction.*

SÉRIE I

Le tableau suivant donne les résultats moyens des essais à la traction sur les aciers de la première série.

Carbone	Vanadium	R	E	A 0/0	Σ
0,114	0,29	43,8	30,2	24	62,5
0,131	0,63	52,9	41,1	20	69,3
0,141	0,75	57,7	43,4	15,5	58,2
0,112	1,04	61,1	45,4	15	70,8
0,150	1,54	56,4	44,8	19	72,5
0,200	2,12	50,4	39,4	15	67,8
0,187	2,98	47,1	26,8	26	74,5
0,387	5,37	46,5	25,5	17	61,0
0,430	7,24	43,8	24,8	30	62,7
0,120	10,27	16,5	25,3	21	53,1

Fig. 10. — C = 1,84   Va = 4,99   G = 280 d.   Fig. 11. — C = 0,737   Va = 7,85   G = 200 d.

Ces essais montrent que les aciers de la première série se divisent en trois classes distinctes :

1re classe. — De 0 à 1 0/0 environ : aciers dont la charge de rupture et la limite élastique croissent nettement avec la dose de vanadium.

Les allongements et surtout les strictions ont des valeurs élevées.

2me classe. — De 1 à 3 0/0 : aciers dont la charge de rupture et la limite élastique vont en décroissant avec la teneur en vanadium.

Le passage de la 1re à la 2me classe coïncide nettement avec l'apparition du carbure double.

3me classe. — Teneur en vanadium supérieure à 3 0/0, la charge de rupture est sensiblement constante ainsi que la limite élastique qui a une valeur très faible et cela quelle que soit la dose de vanadium. Les allongements et les strictions sont toujours élevés.

La cassure de ces aciers est hétérogène elle présente généralement de très gros grains aux bords.

On remarquera notamment les chiffres extrêmement forts que nous avons trouvés pour les strictions.

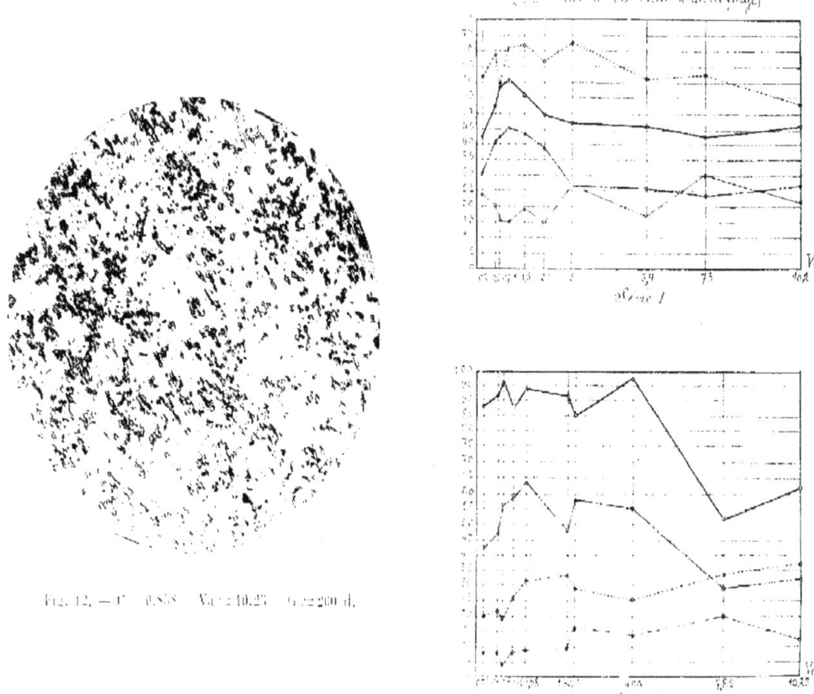

Fig. 12. — P. 0,858 — Va = 10,25 — G = 200 d.

Série II

Les résultats des essais à la traction effectués sur la deuxième série sont résumés dans le tableau suivant :

	Vanadium	R	E	A %	Z
[illegible]	0,25	88,5	45,8	8	20,3
[illegible]	0,00	92,3	47,5	8	22,5
[illegible]	0,50	95,2	56,2	4	19,3
[illegible]	1,17	87,5	58,5	4	26,2
[illegible]	1,58	94,9	64,1	4	31,3
[illegible]	2,89	92,3	58,1	9	33,9
[illegible]	3,96	88,2	58,2	16	25,5
[illegible]	4,99	98,9	35,5	14	25,3
[illegible]	7,83	91,7	28,9	20	34,3
[illegible]	10,25	62,7	31,5	12	37,3

Ces résultats sont peut être plus difficiles à discuter que ceux de la première série, la teneur en carbone des aciers étant assez variable.

En tous les cas, deux groupes sont bien mis en vue.

1er groupe. — De 0 à 5 0/0 : aciers dont la charge de rupture et la limite élastique sont accrues par addition de vanadium et qui ont cependant d'assez beaux allongements et de très belles strictions.

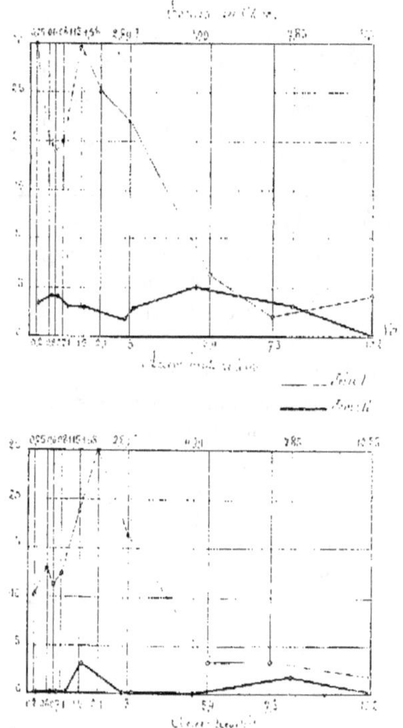

Il est difficile de voir le moment où commence la transformation du carbone en carbure double. Toutefois, il est bien à noter que les strictions atteignent dès 1 0/0 de vanadium des valeurs extrêmement élevées pour des aciers à aussi haute teneur en carbone.

2me groupe. — Au-delà de 5 0/0 : aciers à charge de rupture très faible, à limite élastique très basse, à beaux allongements et à strictions fort élevées. Ce sont les aciers constitués uniquement par le carbure double.

2° *Essais au choc* (méthode Frémont) *et à la dureté* (méthode Brinell).

SÉRIE I

Carbone	Vanadium	Essais au choc	Essais à la dureté
0,115	0,29	30	140
0,131	0,60	20	159
0,141	0,75	19	217
0,152	1,04	20	217
0,130	1,54	20	159
0,200	2,12	25	155
0,187	2,98	22	99
0,382	5,37	6	143
0,130	7,34	2	109
0,120	19,27	4	118

Ces résultats qui ont été obtenus sur aciers recuits à 900° (et non bruts de forge) prouvent que le vanadium n'apporte pas en lui-même de fragilité, tant que les aciers renferment de la perlite. Mais dès que le carbone est entièrement à l'état de carbure double on arrive à une grande fragilité. Cependant ces aciers ont de beaux allongements et de très grandes strictions. Nous avons déjà signalé un fait analogue avec les aciers au chrome à carbure double.

Quant à la dureté elle passe par un maximum qui correspond au maximum de charge de rupture et partant au moment où l'acier, tout en étant entièrement perlitique, contient le plus de vanadium.

SÉRIE II

Carbone	Vanadium	Essais au choc	Essais à la dureté
0,816	0,25	3	286
0,725	0,60	4	502
0,886	0,80	4	332
0,674	1,15	3	288
0,618	1,58	3	262
[illegible]	2,89	[illegible]	288
[illegible]	3,06	3	262
1,181	4,99	[illegible]	255
0,747	7,8[illegible]	3	143
[illegible]	10,25	0	179

Ces essais démontrent que tous les aciers de la deuxième série sont fragiles, et que jusqu'à 4,99 0/0 de vanadium ils possèdent une certaine dureté. Cette dureté est maximum pour teneurs assez faibles en vanadium, alors qu'il n'y a pas de carbure double.

Elle va en diminuant au fur à mesure que le carbure double augmente. Quand ce constituant est seul la dureté est très faible, ainsi que le prouvent les essais effectués sur les aciers à 7,85 et 10,25 0/0 de vanadium.

En résumé, les essais sur aciers recuits à 900° permettent de déterminer le rôle que joue le vanadium :

Ajouté en faible quantité il augmente assurément la charge de rupture et la limite élastique, en diminuant un peu les allongements et augmentant les strictions sans amener de la fragilité.

En quantité notable il absorbe, en quelque sorte, tout le carbone sous la forme de carbure double et donne alors des produits qui ont une charge de rupture et une limite élastique faibles, une assez grande fragilité, bien qu'ils possèdent d'assez forts allongements et de très belles strictions.

Hétérogénéité des aciers à haute teneur en vanadium. — Cette hétérogénéité

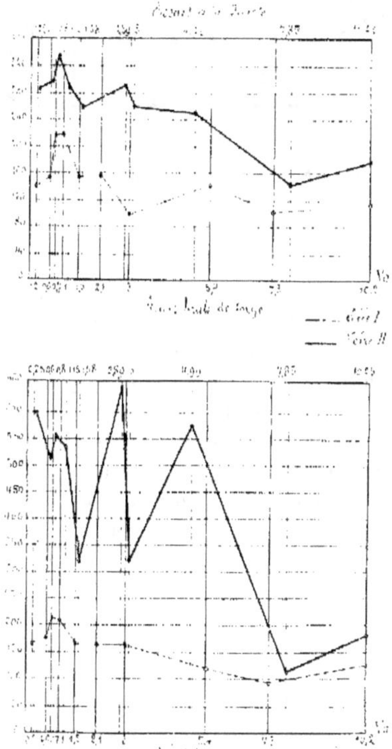

apparaît nettement dans les quelques résultats donnés dans le tableau suivant sur des aciers normaux.

Un point des plus importants à noter est que la charge de rupture et la limite élastique vont en croissant d'un bout de la barre à l'autre et que à ces valeurs de plus en plus grandes correspondent aux sections de cassures des teneurs en carbure de plus en plus importantes. L'hétérogénéité de ces aciers paraît donc bien être due au carbure de faible densité qui tend à remonter dans le bain d'acier.

N°	Carbone	Vanadium	R	E	A 0/0	Σ
1	0,382	5,37	34,5	15,5	23	61,9
1	—	—	48,9	25,8	14	58,2
1	—	—	55,9	35,3	17	61,2
2	0,430	7,37	28,8	20,2	21	66,9
2	—	—	38,6	21,8	30	64,7
2	—	—	52,3	33,8	17	58,3
3	0,120	10,27	30,3	21,8	22	49,2
3	—	—	46,5	25,3	21	53,1
3	—	—	50,7	34,3	15	38,2
3	—	—	54,7	47,5	21,5	44,8
4	0,737	7,85	30.3	13,4	16	25,6
4	—	—	50,4	27,4	15	22,3
4	—	—	54,7	40,3	22	44,5
5	0,858	10,25	42,0	16,8	10	43,3
5	—	—	53,2	45,6	7	9,2
5	—	—	70,5	31,6	10	27,5

Aciers trempés

A. *Micrographie.* — La trempe à 850° modifie tous les aciers perlitiques en produisant de la martensite.

Avec les aciers qui renferment simultanément de la perlite et du carbure double, on obtient de la martensite et le carbure double reste inaltéré.

Enfin les aciers dans lesquels tout le carbone se trouve à l'état de carbure double ne subissent aucune transformation par la trempe et cela quelle que soit la température de trempe, quelle que soit la vitesse de refroidissement.

Nous avons fait subir, en effet, à ces aciers, des trempes allant de 850 à 1.250° en nous servant comme bains de trempe d'eau et de mercure.

Nous n'avons jamais noté la moindre transformation dans la microstructure.

B. *Essais Mécaniques.* — Des essais à la traction, au choc et à la dureté ont été effectués sur les aciers au vanadium trempés à l'eau à la température de 850°.

1° Essais à la traction.

SÉRIE I

Les résultats obtenus dans les essais à la traction sur les aciers de la série I sont résumés dans le tableau ci-dessous :

Carbone	Vanadium	R	E	A 0/0	Σ
0,041	0,20	54,6	19,2	22,5	66,5
0,131	0,96	68,5	11,5	20,0	63,0
0,240	1,23	73,1	49,2	17,5	61,2
0,112	1,46	57,6	61,8	12	60,0
0,175	1,54	4,7	52,4	14	67,7
0,264	2,12	53,1	53,3	12	60,9
0,487	2,98	55,6	29,5	21	61,2
0,587	5,37	41,3	26,3	26,5	58,4
0,150	7,44	42,5	25,9	30	65,3
0,424	10,27	46,9	26,2	22	55,8

On voit les aciers de 1re classe sont nettement durcis par la trempe et cela d'autant plus que leur teneur en vanadium est plus élevée.

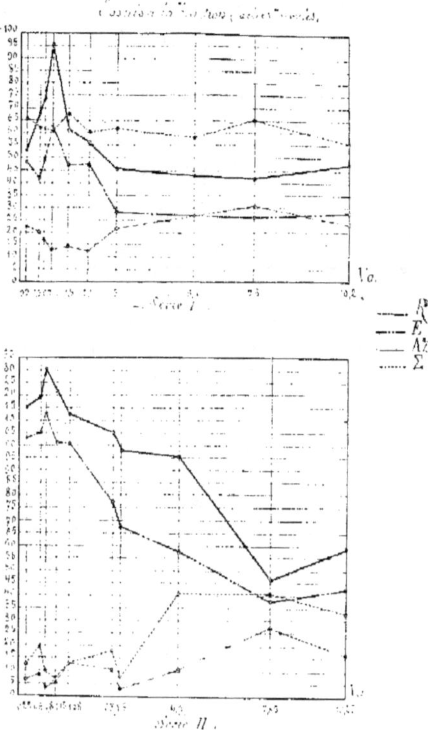

La trempe atteint particulièrement l'acier à 1,04 0/0 de vanadium. Il est à noter cependant que les aciers n'en sont pas moins à très hautes strictions.

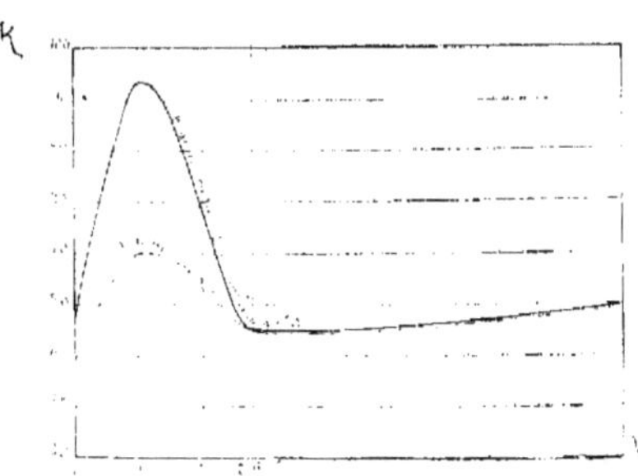

Influence de la trempe sur la charge de rupture des aciers au Va à 0.200 C.

Puis l'influence de la trempe diminue, dès qu'apparaît le carbure double et bientôt elle devient nulle.

Ceci coïncide nettement avec le moment où tout le carbone est à l'état de carbure double, où par conséquent la trempe n'amène, comme nous l'avons montré, aucune transformation dans la constitution.

La trempe n'atteint donc que peu les aciers de la 2ᵐᵉ classe (aciers intermédiaires) et cela d'autant moins qu'ils contiennent plus de vanadium ; elle ne modifie pas les propriétés des aciers de la 3ᵐᵉ classe a carbure double.

SÉRIE II

Le tableau suivant donne les résultats des essais à la traction sur aciers trempés.

Carbone	Vanadium	R	E	A %	Σ
0,816	0,25	115,3	103,0	6	12,0
0,725	0,50	118,2	105,1	9	20,0
0,886	1,83	130,1	112,2	3	10,5
0,674	1,15	121,5	101,5	5	6,5
0,618	1,78	112,2	101,1	13	13
0,950	2,89	105,3	73,6	11,5	18,5
0,666	3,05	99,7	67,7	3	6,5
1,084	5,99	95,3	58,7	11	51,2
0,737	7,81	45,8	35,8	27,5	41,2
0,858	10,25	58,2	42,3	47,5	33,2

En rapprochant ces résultats de ceux obtenus sur aciers bruts de forge, on voit que l'on est conduit à des conclusions identiques a celles que nous avons énoncées pour les aciers de la première série.

La trempe a une influence d'autant plus grande sur les aciers perlitiques qu'ils renferment plus de vanadium. Cette influence décroît quand apparaît

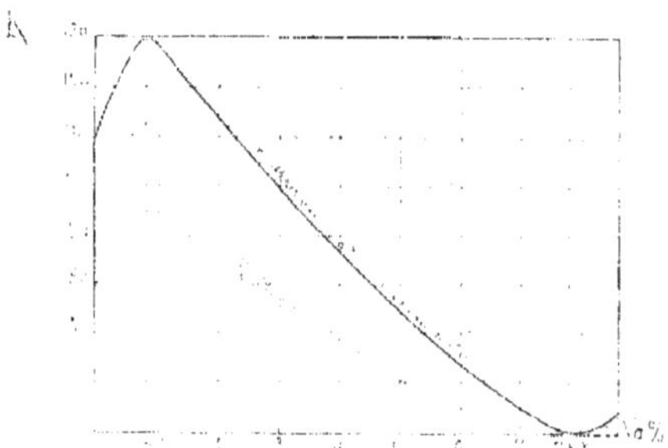

Influence de la trempe sur la charge de rupture des aciers au Va à 0,800 C.

le carbure double ; elle est d'autant moindre que ce constituant est plus important. Quand il existe seul dans l'acier, la trempe n'a plus aucune influence ; elle adoucirait plutôt le métal.

2° Essais au choc et à la dureté.

SÉRIE I

Carbone	Vanadium	Essais au choc	Essais à la dureté
0,114	0,29	10	156
0,131	0,60	13	163
0,111	0,75	11	217
0,112	1,04	12	207
0,130	1,54	18	156
0,200	2,12	25	156
0,387	5,37	3	121
0,130	7,34	3	99
0,120	10,27	2	124

La trempe donne donc plus de fragilité aux aciers perlitiques et en même temps une plus grande dureté ; les aciers à carbure double ne voient pas leurs propriétés changées. L'influence de la trempe sur la fragilité passe par un maximum qui correspond à l'acier perlitique le plus riche en vanadium.

SÉRIE II

Carbone	Vanadium	Essais au choc	Essais à la dureté
0,816	0,25	0	600
0,725	0,60	0	512
0,886	0,80	0	555
0,674	1,15	0	552
0,618	1,58	3	321
0,950	2,89	0	652
0,665	3,96	0	321
0,084	4,99	3	578
0,737	7,85	2	705
0,858	10,25	0	187

La trempe rend fragiles et très durs tous les aciers perlitiques ; elle ne modifie toujours pas les propriétés des aciers à carbure double.

On remarquera spécialement la dureté extrêmement élevée que donnent les aciers perlitiques trempés, lorsqu'ils contiennent beaucoup de carbone. Il est à noter, en effet, que les aciers à 1.58 et 3,06 0/0 de vanadium qui donnent des chiffres de Brinell beaucoup moins élevés ont une teneur en carbone bien moins grande que les autres (0,600 0/0 environ).

En résumé la trempe a sur les aciers au vanadium des effets qui sont en parfaite correspondance avec les observations micrographiques :

1° Une action d'autant plus importante sur les aciers à perlite que la teneur en vanadium est plus élevée. La charge de rupture et la limite élastique ont augmenté, les allongements diminuent un peu ; mais les strictions restent belles, la fragilité augmente ; il en est de même de la dureté qui est d'autant plus modifiée que la teneur en carbone est plus élevée ;

2° L'influence de la trempe sur les aciers intermédiaires (carbure double et perlite) est d'autant moindre que la teneur en vanadium et partant la teneur en carbure double est plus grande;

3° La trempe n'a aucune action si ce n'est peut-être un léger adoucissement sur les aciers à carbure double. Les graphiques reproduits plus haut montrent l'influence théorique de la trempe sur la charge de rupture et mettent bien en évidence les subdivisions que nous avions établies.

Aciers recuits.

A. *Micrographie.* — Lorsqu'on fait subir un recuit aux aciers perlitiques, ils restent perlitiques, à moins que la température soit suffisamment élevée et le temps assez long. Il y a alors précipitation du carbone à l'état de graphite.

Fig. 13.   C = 0.950   Va = 2,80.
Recuit à 1.200° pendant quatre heures
G = 201 d.

Il se passe un phénomène absolument analogue à celui que nous avons signalé pour les aciers au silicium. Nous donnons (fig. 13) l'exemple de l'acier à 0,950 0/0 C et 2,80 0/0 Va.

Les aciers à carbure double ne voient simplement qu'augmenter les grains du constituant spécial. Encore faut-il que la température soit assez élevée et la modification n'est-elle jamais très importante.

B. *Propriétés mécaniques.* — Tous les aciers au vanadium sont adoucis par le recuit, à condition cependant que la température ne soit pas suffisante pour qu'il y ait dans les aciers perlitiques, précipitation du carbone à l'état de graphite.

Nous citerons les exemples suivants donnés par l'essai à la traction.

Carbone	Vanadium	R	E	A %	Σ
0,114	0,29	41,8	38,3	22	58,2
0,141	0,75	52,3	41,3	14,2	53,1
0,130	1,51	55,2	45,2	16	62,5
0,387	5,35	43,1	24,3	13	58,2
0,816	0,25	86,2	43,8	6	19,3
0,725	0,60	88,1	48,2	7	19,3
0,674	1,15	84,2	56,3	8	25,3
0,666	3,06	82,5	55,8	10	22,5
0,737	7,85	49,7	29,4	17	33,9

On notera toutefois que l'influence du recuit n'est pas très notable en partant des aciers normaux).

Si le temps était suffisamment prolongé pour faire apparaître le graphique, on se trouverait en présence d'aciers extrêmement fragiles.

Aciers écrouis.

Au début de cette étude nous avons dit que les aciers au vanadium étaient particulièrement sensibles à l'écrouissage. Nous en donnerons quelques exemples qui sont frappants :

1° L'acier à 0,114 0/0 C et 0,29 0/0 Va nous a donné :

A l'état brut de forge : R = 33,8, E = 43,0, A 0/0 = 14, Σ = 33,2, choc = 15 kgm.

A l'état normal : R = 43,8, E = 30,2, A 0/0 = 24, Σ = 62,5, choc = 30 kgm. ;

2° L'acier à 0,114 0/0 C et 0,75 0/0 Va a fourni :

A l'état brut de forge : R = 85,3, E = 70,7, A 0/0 = 14,5, Σ = 26,5, choc = 12 kgm. ;

A l'état normal : R = 57,7, E = 43,4, A 0/0 = 15,5, Σ = 58,2, choc = 19 kgm. ;

3° L'acier à 0,816 0/0 C et 0,25 0/0 Va a donné :

A l'état brut de forge : R = 112,2, E = 64,8, A 0/0 = 4, Σ = 4,3, choc 3 kgm. ;

A l'état normal : R = 88,5, E = 43,8, A 0/0 = 8, Σ = 20,3, choc = 3 kgm. :

4° L'acier à 0,886 0/0 C et 0,80 0/0 Va a fourni :

A l'état brut de forge : R = 144,6, E = 91,1, A 0/0 = 4, Σ = 0, choc = 4 kgm. ;

A l'état normal : R = 96, 2, E = 56,2, A 0/0 = 4, Σ = 19,3, choc = 4 kgm.

On voit que cette influence est considérable; nous ne l'avons pas trouvée aussi sensible dans les autres aciers, bien que la fabrication ait été sensiblement la même (1).

On doit conclure de là qu'il est absolument nécessaire de faire recuire tous aciers au vanadium après leur avoir fait subir un travail quelconque.

Aciers cémentés.

La cémentation des aciers au vanadium n'est intéressante que par l'apparition du constituant spécial dans les aciers perlitiques que l'on cémente suffisamment et par l'augmentation de ce constituant dans les aciers qui le renferment déjà.

Ce phénomène qui est d'une netteté remarquable permet de conclure que l'on se trouve bien en présence d'un carbure.

Dans la *Revue d'artillerie* (2), M. le capitaine Nicolardot a montré que l'attaque par les acides étendus des alliages de fer ou de vanadium fournissait des résultats très différents suivant que les alliages contenaient ou non du carbone.

Les ferrovanadiums préparés par l'aluminothermie et ne contenant pas de carbone se dissolvent très facilement sans laisser de résidu. Au contraire les aciers et les ferrovanadiums contenant du carbone (généralement préparés au four électrique) laissent un résidu qui contient presque tout le vanadium, dans certains cas même, tout le vanadium.

Quand on attaque les aciers à faible teneur en vanadium (moins de 7 0/0) avec une solution aqueuse d'acide chlorhydrique ou d'acide sulfurique même à l'abri de l'air, on obtient un résidu spongieux contenant du carbone, du fer et du vanadium et dont la densité ne dépasse pas 2,88.

Au contraire avec les aciers à forte teneur en vanadium et surtout avec les ferrovanadiums préparés au four électrique et riches en carbone, le résidu obtenu est dense; à l'aide d'une attaque par l'acide chlorhydrique gazeux dans l'alcool absolu le capitaine Nicolardot a pu isoler dans certains aciers d'une teneur en vanadium même inférieure à 7 0/0 un résidu analogue.

La densité de ce composé varie suivant la quantité de carbone (ou de fer) qu'il contient de 5,53 à 5,6.

Sa composition est variable c'est toujours un carbure de vanadium mais la proportion de carbone paraît augmenter quand la température à laquelle l'alliage est préparé s'élève et surtout quand la teneur totale en carbone est plus grande.

Un échantillon de ferrovanadium contenant 16 0/0 de carbone et 30 0/0 de vanadium a fourni un carbure de densité égale à 5,53 et dont la formule se rapproche de V^2C^3 (15,3 0/0 de C).

---

(1) Il nous a été donné d'observer de nombreux échantillons que quelques aciéries françaises et étrangères ont bien voulu mettre à notre disposition. Trois de ces aciers à basse teneur en carbone et contenant moins de 1 0/0 de vanadium nous ont donné brut de forge de 6 à 8 kgm. dans l'essai ... et après recuit de 23 à 32 kgm, dans l'essai au choc.

(2) *Revue d'artillerie*, t. LXIV, p. 429 et suiv., mai 1904.

D'un autre échantillon de ferrovanadium de même teneur en vanadium mais ne contenant que 8 0/0 de carbone on a retiré un résidu de densité égale à 5,64 et de formule V^3C^2 (13,6 0/0 C).

Dans les aciers moins riches en carbone et préparés aussi à moins haute température le résidu aurait une formule se rapprochant de V^3C, (11,8 0/0 de C).

Peut-être n'y a-t-il que deux carbures se mélangeant en proportions variables.

Le capitaine Nicolardot fait d'ailleurs remarquer que ses recherches confirment celles de M. Moissan (1) qui a montré que sous l'influence d'une élévation de température le vanadium se combinait de plus en plus au carbone en fournissant des composés paraissant de plus en plus réfractaires. D'après les chiffres publiés par ce savant les carbures suivants :

$$V^2C^3 \quad V^3C^4$$

se formeraient dans l'arc électrique ; à plus basse température on aurait V^3C, V^2C^3, V^3C^2. C'est à l'existence de ces carbures d'une densité inférieure à l'acier, beaucoup moins fusibles, que, d'après le capitaine Nicolardot, il y a lieu d'attribuer la non homogénéité et la fragilité des aciers au vanadium à forte teneur.

Dans les aciers à faible teneur en vanadium le carbure de vanadium V^3C^2 ou plus probablement V^2C se combine avec de la cémentite pour former un carbure double peu attaquable aux acides dans lequel se trouve presque tout le vanadium.

Sa proportion de cémentite augmente au fur et à mesure que la teneur en vanadium diminue. Tels sont les premiers résultats des recherches effectuées par le capitaine Nicolardot ; il les poursuit en ce moment et compte les publier prochainement dans cette revue.

Elles confirment complètement notre étude.

CONCLUSIONS

En résumé, les recherches que nous avons faites sur les aciers au vanadium nous conduisent à les diviser en trois groupes dont l'un ne forme qu'une classe intermédiaire, fort intéressante cependant à considérer.

1ᵉʳ *groupe*. — Aciers perlitiques, à charge de rupture et à limite élastique d'autant plus élevées que la teneur en vanadium est plus grande ; à allongements plutôt grands et à belles strictions, du moins par comparaison avec les aciers ordinaires à même teneur en carbone.

Ils ne sont pas plus fragiles que ceux-ci ; mais ils possèdent une plus grande dureté.

Ces aciers sont d'autant plus atteints par la trempe qu'ils renferment plus de vanadium, ils conservent toujours de belles strictions.

2ᵉ *groupe*. — Aciers intermédiaires renfermant simultanément de la perlite et du carbure double ; ils possèdent une charge de rupture et une limite élastique d'autant moindres que la teneur en vanadium est plus grande : ils ont de beaux

(1) *C. R.*, t. CXVI, p. 1225, 1893

allongements et de belles strictions ; ils ne sont pas plus fragiles que les aciers ordinaires à même teneur en carbone ; ils sont moins durs que les aciers du premier groupe. La trempe les atteints, mais d'autant moins que le pourcentage en vanadium est plus élevé.

3e groupe. — Aciers renfermant tout le carbone à l'état de carbure double. — Les aciers sont à faibles charges de rupture ; à très basse limite élastique ; ils ont des allongements et des strictions très élevées et cependant ils sont fragiles.

Leur dureté est faible.

Ils sont très hétérogènes.

La trempe, quelles que soient les conditions dans lesquelles elle est effectuée, n'amène aucune transformation ni dans la microstructure, ni dans les propriétés mécaniques.

La répartition des différents groupes a lieu comme l'indique le tableau suivant, selon le pourcentage en carbone.

Groupes	Microstructure	Aciers à 0,2 de C 0/0	Aciers à 0,800 C.0/0
I	Perlite	De 0 à 0,7 0/0 de Va	De 0 à 0,5 0/0 Va
II	Perlite + carbure double	De 0,7 0/0 à 3 0/0 de Va	De 0,5 0/0 à 7 0/0 Va
III	Carbure double	Va > 3 0/0	Va > 7 0/0

Diagramme des aciers au vanadium.

L'examen de quelques autres échantillons d'acier au vanadium nous ont permis de confirmer les résultats des recherches précédentes qui semblent pouvoir être résumé dans le diagramme suivant :

ACIERS A L'ALUMINIUM

AVANT-PROPOS

Les aciers à l'aluminium ont déjà été le sujet d'importantes recherches de la part de M. Hadfield.

Dans un mémoire publié par le *Journal of the Iron and Steel Institute* en 1890, ce savant métallurgiste étudia l'influence de l'aluminium sur les propriétés de l'acier. Il fut conduit aux conclusions suivantes :

Un acier peut contenir jusqu'à 5,60 0/0 d'aluminium sans que la malléabilité cesse. Dans les aciers à basse teneur en aluminium les allongements et la striction sont très élevés. A partir de 1,5 0/0 d'aluminium les allongements baissent. La limite élastique n'est pas élevée par une légère addition d'aluminium ; la dureté n'est pas non plus altérée.

M. Hadfield fut conduit aussi à comparer les aciers à l'aluminium et ceux au silicium et il leur trouva de nombreux points de ressemblance.

M. Osmond, prenant part à la discussion de ce mémoire, attira l'attention sur le fait suivant : la courbe de refroidissement d'un acier de M. Hadfield à 5 0/0 d'aluminium ne montre pas de point A_3 ; bien qu'il ne contienne pas de carbone ; il faut conclure que l'aluminium maintient le fer, sinon en totalité, du moins en grande partie, à l'état de la température ordinaire au point de fusion.

Nous verrons que ce résultat se trouve bien confirmé par notre travail.

Nos recherches sur les aciers à l'aluminium ont porté sur deux séries distinctes : l'une renferme 0,150 de carbone environ ; l'autre environ 0,750 de carbone. Dans chaque série l'aluminium va en croissant de 0 à 15 0/0.

Ces aciers ont été préparés aux aciéries d'Imphy et analysés aux laboratoires de cette usine.

Le tableau suivant résume leur composition.

Aciers à l'aluminium.

SÉRIE 1

C	Al	Mn	Si	S	P
0,085	0,507	traces	traces	0,013	0,029
0,113	1,083	—	0,070	0,014	0,016
0,168	2,045	—	traces	0,022	0,008
0,134	3,050	—	0,105	0,013	0,016
0,168	5,077	0,083	0,140	0,017	0,024
0,083	7,180	0,057	0,117	0,015	0,020
0,123	9,250	0,045	0,105	0,025	0,032
0,096	15,03	0,350	0,326	0,028	0,035

SÉRIE II

C	Al	Mn	Si	S	P
0,736	0,045	0,100	0,140	0,008	0,015
0,669	1,052	0,141	0,198	0,012	0,008
0,796	1,094	0,208	0,362	0,011	0,013
0,691	2,890	0,152	0,186	0,018	0,006
0,815	4,650	0,122	0,221	0,024	0,024
0,663	7,0	0,140	0,256	0,023	0,050
0,666	9,15	0,091	0,116	0,024	0,034
0,860	14,90	0,398	0,232	0,018	0,032

Les aciers de la 1re série se forgent tous excepté le dernier.

Les aciers de la 2e série se sont tous forgés.

1° Aciers bruts de forge.

A. — Micrographie.

Série I. — Toutes les attaques ont eu lieu à l'acide picrique, à moins d'indications contraires.

L'acier à 0,5 0/0 d'aluminium est formé de ferrite et de perlite; mais cette perlite présente un caractère un peu spécial : elle est beaucoup moins déliée que

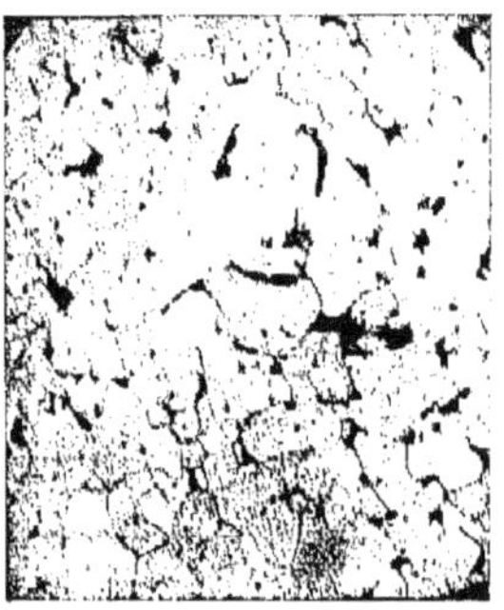

Phot. 1. — C = 0,085   Al = 0,50
Perlite fine.
G = 200 d.

Phot. 2. — C = 0,131   Al = 3,05
Perlite granulaire.
G = 200 d.

dans les aciers au carbone ordinaire (phot. 1). Ce caractère de la perlite s'accentue nettement avec la dose d'aluminium. Dans l'acier à 3 0/0, la perlite ne forme plus que des amas noirs n'ayant plus l'aspect lamellaire sous les plus fort grossissements (phot. 2). Cela a lieu *à fortiori* dans l'acier à 5 0/0 d'aluminium (phot. 3).

A 7 0/0 on se trouve en présence d'un filet qui apparaît en noir par l'acide picrique et qui forme le contour des polyèdres. C'est de la perlite très compacte ou même de la sorbite (phot. 5).

Un point important à retenir est le suivant :

Cette perlite spéciale apparaît par polissage en bas-relief et cela d'autant mieux que la teneur en aluminium est plus élevée et que, partant, elle est plus compacte; de même la coloration qu'elle prend dans l'attaque au picrate de

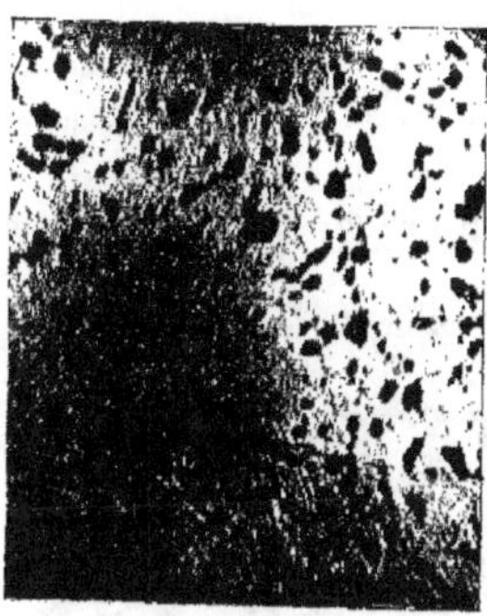

Phot. 3. — C = 0,168   Al = 5,07
Perlite granulaire.
G = 200 d.

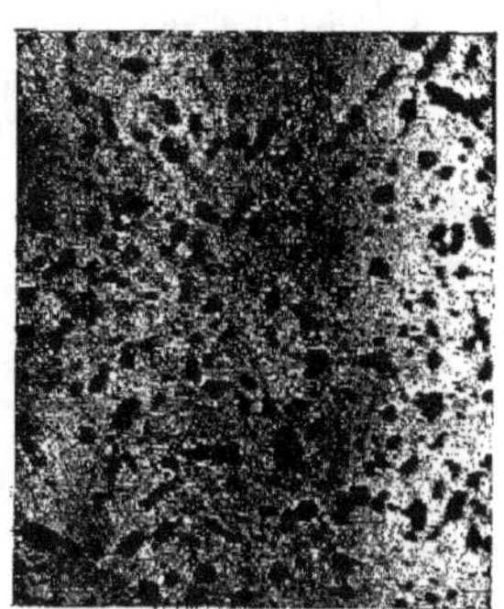

Phot. 4. — C = 0,168   Al = 5,07
Attaque au picrate de soude
Perlite (?) se colorant.
G = 200 d.

soude, laquelle est grise pour les plus faibles teneurs en aluminium, devient noire pour les teneurs élevées comme si l'on était en présence de cémentite (phot. 4).

En tous les cas il ne saurait être question ici de graphite puisque le polissage ne fait apparaître le constituant qu'en blanc.

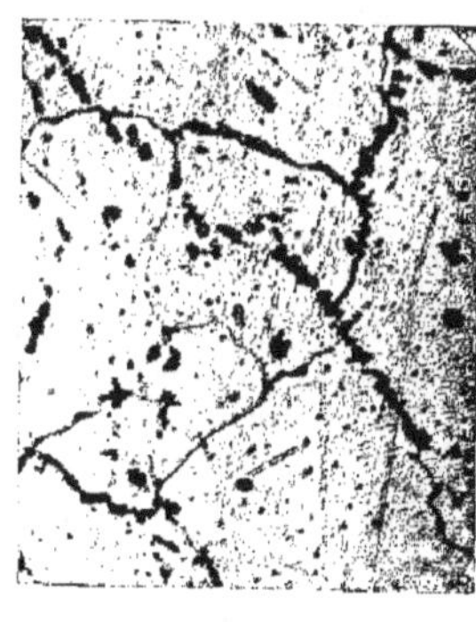

Phot. 5. — C = 0,083   Al = 7,18
Perlite (?) granulaire.
G = 200 d.

Phot. 6. — C = 0,736   Al = 0,15
Perlite.
G = 200 d.

A 15 0/0 on se trouve en présence d'une microstructure absolument nouvelle : l'attaque à l'acide picrique ne donne rien qui soit net ; l'eau régale diluée donne des polyèdres plus ou moins grossiers (l'acier ne se lamine pas, dans lesquels on distingue quelques points blancs. Nous n'avons pas vu de graphite dans cet acier. L'attaque au picrate de soude en solution sodique fait apparaître tous ces points blancs en noirs.

Nous sommes en présence d'un constituant qui, *à priori*, se rapproche beaucoup de la cémentite.

Série II. — La structure particulière que nous avons trouvé pour les aciers perlitiques de la première série, nous allons la rencontrer à nouveau dans les aciers à haute teneur en carbone.

L'acier de cette série à 0,45 0/0 d'aluminium présente une perlite assez nette (phot. 6).

L'acier à 1 0/0 d'aluminium présente une perlite beaucoup plus compacte.

Phot. 7. — C = 0,796   Al = 1,09
Perlite + ferrite.
G = 200 d.

Phot. 8. — C = 0,815   Al = 4,65
Perlite + ferrite.
G = 200 d.

Dans l'acier à 1,09 0/0 d'aluminium il semble que les zones blanches obtenues dans la photographie soient en quantités supérieures à celles d'un acier ordinaire à 0,796 0/0 de carbone (phot. 7).

Il faut même noter que cet acier contient plus de carbone (0,796 0/0) que le premier (0,736 0/0) et malgré cela les zones blanches de ferrite sont moins nombreuses dans ce dernier. Ceci est encore beaucoup plus net dans l'acier à 2,9 0/0 d'aluminium qui renferme 0,691 0/0 de carbone; si l'on rapprochait la microstructure de cet acier de la gamme des aciers au carbone, on conclurait à une teneur en carbone d'environ 0,500. Mais ce fait semble trouver une explication logique dans la compacité de la perlite.

La même observation doit être faite pour l'acier à 0,815 0/0 de carbone et 4,65 0/0 d'aluminium (phot. 8).

A 10 0/0 d'aluminium, on trouve une texture toute spéciale ; l'attaque à l'acide picrique précise des petits grains blancs qui apparaissent déjà après polissage et montre des petits amas noirs, très peu nombreux, d'ailleurs, de perlite (phot. 9). L'attaque au picrate de soude en solution sodique colore tous les petits grains en noirs ; tandis que les amas de perlite apparaissent en gris pâle (phot. 10).

Nous nous trouvons en présence du constituant spécial que nous avons rencontré dans la première série ; ses caractères sont encore ici ceux de la cémentite.

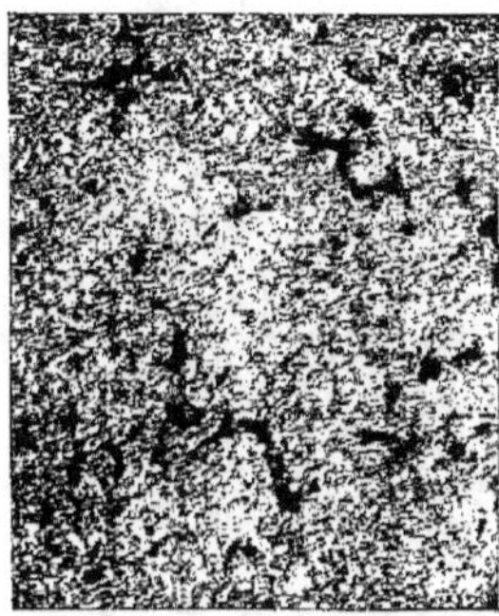

Phot. 9. -- C = 0,666   Al = 9,15
Attaque à l'acide picrique
Cémentite et un peu de perlite.
G = 200 d.

Phot. 10. -- C = 0,666   Al = 9,15
Attaque au picrate
Cémentite fine en noir
Le fond blanc doit être de la ferrite.
G = 200 d.

L'acier à 15 0/0 d'aluminium, qui ne laisse rien voir qui soit net dans l'attaque à l'acide picrique, montre après action de l'eau régale diluée des zones très blanches, lesquelles attaquées par le picrate de soude apparaissent en noir foncé comme la cémentite.

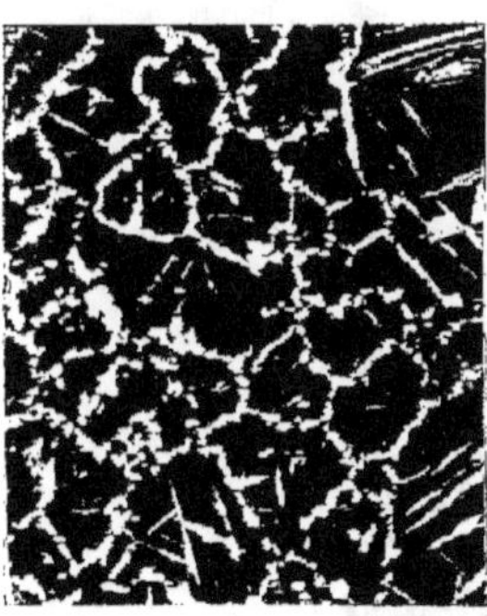

Phot. 11. — C = 0,890   Al = 15,2
Attaque à l'acide picrique
Perlite + ferrite + aiguilles blanches (?).
G = 200 d.

Phot. 12. — C = 0,890   Al = 15,2
Attaque à l'acide picrique.
Autre région.
G = 200 d.

Nous avons observé d'autres aciers à l'aluminium ; nous citerons notamment un acier à 0,247 0/0 de carbone et 15,9 0/0 d'aluminium. Cet acier donne un aspect assez semblable à celui que nous venons de définir. L'attaque à l'acide picrique montre de la perlite ; l'attaque au picrate de soude met en évidence de la cémentite, fait des plus anormaux dans un acier à aussi basse teneur en carbone (phot. 14 et 15).

Un autre acier à 0,890 0/0 de carbone et 15,2 0/0 d'aluminium a donné des résultats absolument anormaux. L'attaque à l'acide picrique donne généralement un liseré blanc avec de la perlite compacte et de plus quelques aiguilles assez fines et très blanches (phot. 11) ; l'attaque au picrate de soude colore en gris la

Phot. 13. — C = 0,890   Al = 15,2
Attaque au picrate
Même région que la précédente.
G = 200 d.

Phot. 14. — C = 0,247   Al = 15,97
Attaque à l'eau régale
Perlite et cémentite.
G = 200 d.

perlite et laisse en blanc l'aiguille et le liseré. On devrait conclure en laissant de côté la question du constituant aciculaire à de la ferrite entourant la perlite. Mais il y a au centre de la barre une *région* toute particulière et fort intéressante. Après polissage, on y distingue de très nombreuses aiguilles semblables à celles déjà

Phot. 15. — C = 0,247   Al = 15,97
Attaqué au picrate
Cémentite en noir.
G = 200 d.

signalées sur les bords de l'acier, mais beaucoup plus développées; l'attaque à l'acide picrique ne colore ni les aiguilles ni la partie environnante (phot. 12). Si on vient à attaquer au picrate de soude en solution sodique tout le fond se colore en noir foncé les aiguilles restent très blanches (phot. 13).

Cet échantillon hétérogène est fort curieux, il semble que la première région soit formée de perlite et de ferrite laquelle ne devrait pas exister dans un acier à 0,890 0/0 de carbone et que la seconde comprenne le premier constituant spécial déjà signalé, lequel a les caractères de la cémentite, et un nouveau corps qui peut être une combinaison fer-aluminium et qui, d'ailleurs, apparaît en petites quantités dans la première région.

En résumé l'on voit que l'aluminium entre en solution dans le fer, que cette solution empêche la perlite de se développer et la force à prendre une forme granulaire. Il ne se forme pas de graphite, comme on aurait pu le croire, étant donné que l'aluminium précipite le carbone dans les fontes.

Lorsque la teneur en carbone et le pourcentage en aluminium sont assez importants, on trouve un constituant qui a les caractères de la cémentite.

Nous verrons que les expériences de trempe et de cémentation paraissent bien confirmer que l'on est en présence de ce constituant.

Propriétés mécaniques.

Essais à la traction.

SÉRIE I

COMPOSITION		R	E	A 0/0	Σ
Carbone	Aluminium				
0,085	0,50	37,1	26,7	35	68,0
0,113	1,08	40,8	53,6	30	65,2
0,168	2,04	44,5	27,9	28	66,7
0,134	3,05	41,4	27,4	23,5	32,9
0,168	5,07	50,7	34,4	21	15,9
0,083	7,18	46,1	43,9	2	0

Le tableau suivant donne le résultat des essais à la traction sur la série I (aciers normaux, c'est-à-dire recuit à 900° et refroidis lentement).

Ces résultats démontrent que l'aluminium a peu d'influence sur les propriétés mécaniques des aciers tant qu'il ne dépasse pas 3 0/0. En effet les variations que l'on rencontre dans les résultats sont dues en partie aux variations de la teneur en carbone. Cependant les charges de ruptures sont peut être un peu augmentées. A 3 0/0 d'aluminium il y a une diminution sensible dans les allongements de la striction. A 5 0/0 il faut noter une légère augmentation dans la charge de rupture et les allongements continuent à baisser; à 7 0/0 ils sont très fragiles étant donné surtout le bas pourcentage en carbone de ces aciers.

Donc l'aluminium n'a pas une grande influence sur la charge de rupture et la limite élastique; mais il entraîne une diminution très nette des allongements et des strictions qui coïncide avec le moment où la perlite devient granulaire.

Les aciers à basse teneur en aluminium possèdent de très jolies cassures. Mais à 5 et à 7 0/0 d'aluminium on note de très gros grains.

SÉRIE II

Le tableau suivant résume les résultats des essais à la traction sur les aciers de la deuxième série.

COMPOSITION		R	E	A 0/0	Σ
Carbone	Aluminium				
0,736	0,45	83,3	45,8	5	17,3
0,669	1,05	88,8	46,6	9	20,5
0,691	2,89	73,8	43,6	4	4,5
0,815	4,65	88,8	46,7	11	15,4
0,663	7,00	89,4	68,4	0	0
0,860	14,90	101,9	66,2	3	4,2

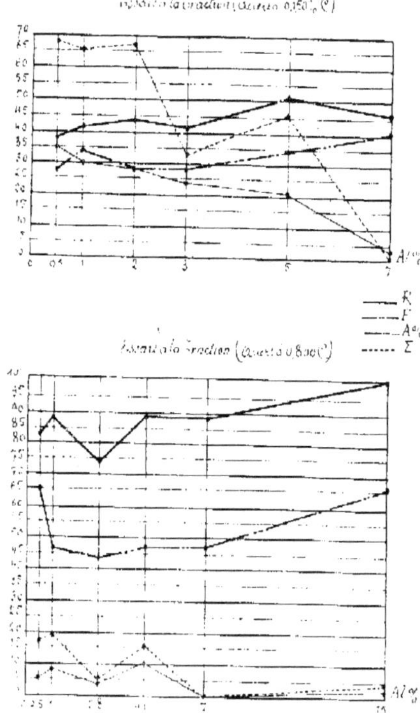

Aciers à l'aluminium.

On retrouve ici la même influence de l'aluminium que dans la première série.

Il est difficile de dégager l'influence de l'aluminium sur la charge de rupture, vu les variations de la teneur en carbone. Il semble toutefois y avoir une certaine augmentation. Les allongements diminuent nettement quand apparaît le constituant semblable à la cémentite.

Essais au choc et à la dureté.

SÉRIE I

COMPOSITION		Nombre	Chiffre
Carbone	Aluminium	de kilogrammètres	de Brinell
0,085	0,501	29	81
0,113	1,083	26	105
0,168	2,045	2	118
0,134	3,030	2	131
0,168	5,077	0	143
0,083	7,18	0	150

Ces essais montrent que l'aluminium ne diminue pas sensiblement la résistance au choc lorsqu'il se trouve en quantités très faibles ; mais dès qu'il atteint 2 0/0 la fragilité devient énorme, c'est le moment où la perlite devient extrêmement compacte et ne remplit plus son rôle de ciment. Quant à la dureté, très faible au début, elle croît petit à petit lorsque le pourcentage en aluminium augmente ; l'aluminium qui se trouve en solution dans le fer durcit ce métal.

SÉRIE II

COMPOSITION		Nombre	Chiffre
Carbone	Aluminium	de kilogrammètres	de Brinell
0,736	0,450	2	248
0,669	1,052	2	212
0,796	1,094	0	243
0,691	2,890	0	248
0,815	4,65	0	277
0,663	7,00	2	247
0,860	14,90	2	277

On voit que tous ces aciers sont fragiles et d'une dureté relativement peu élevée.

2° Aciers trempés.

Micrographie.

L'étude micrographique des aciers à l'aluminium trempés est très intéressante.

Si l'on vient à tremper à 850° dans l'eau un acier à l'aluminium de la première série renfermant moins de 10 0/0 d'aluminium et si on l'attaque, après polissage, à l'acide picrique, on trouve que les aciers laissent encore voir une espèce de perlite ou du moins un constituant qui occupe la même place que la perlite, mais qui apparaît en beaucoup plus clair (phot. 16 et 17). Si l'on examine à fort grossissement ce constituant on voit que certaines parties sont très claires et d'autres

Aciers à l'aluminium normaux.

Essais au Choc

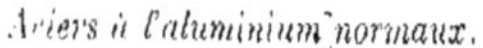

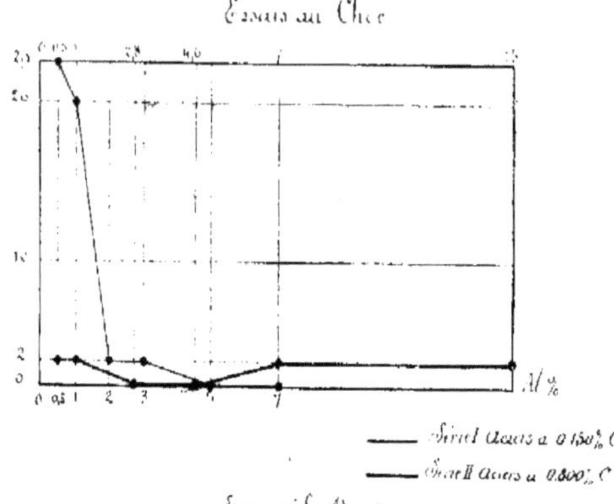

Essais à la Dureté

plus rares très foncées rappelant absolument la perlite compacte des aciers à l'aluminium bruts de forge et qui se trouvent sur le bord même de ces amas.

Plus la teneur en aluminium est élevée, plus ce constituant est peu étendu. Une série d'essais nous a montré qu'en tous les cas, la partie transformée occupe les mêmes espaces que la perlite primitive.

D'autre part, en trempant à 850° un acier préalablement recuit à 1.200° pendant quatre heures, de façon à développer la perlite, comme nous le verrons plus loin, nous avons pu examiner la constitution de l'acier trempé et nous avons nettement distingué dans chaque amas du constituant spécial les aiguilles extrêmement fines caractéristique de la martensite; mais dans ces amas on trouve assez souvent des parties qui ne sont pas transformées et qui ressemblent à de la sorbite.

Quelle que soit la température de trempe, le résultat est sensiblement le même.

On doit donc conclure que, dans la trempe, des aciers à l'aluminium renfermant moins de 10 0/0 d'aluminium on obtient de la martensite; mais cette martensite ne se forme que là où se trouvait de la perlite.

Il faut donc admettre que la *solution fer-aluminium n'est pas susceptible de dissoudre le carbone.*

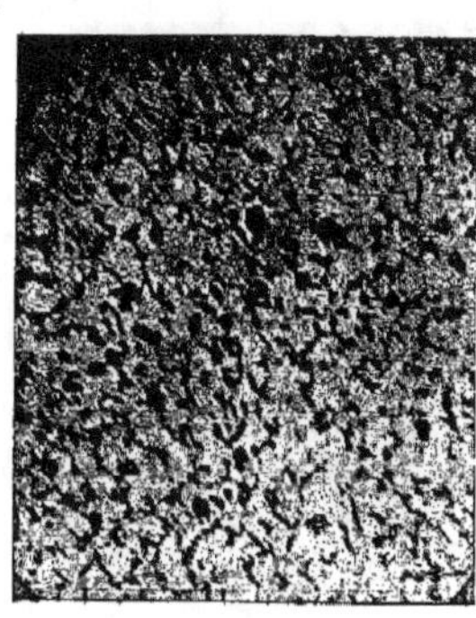

Phot. 16. — C = 0,168   Al = 2,04
Trempé à 85° dans l'eau
La transformation par trempe n'a atteint
l'acier que là où existait la perlite.
G = 200 d.

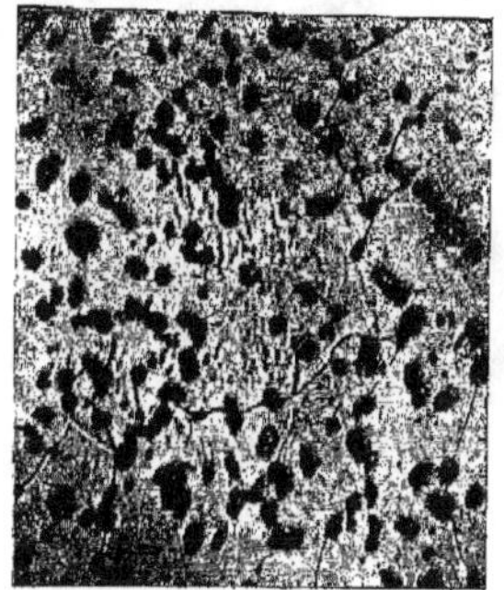

Phot. 17. — C = 0,134   Al = 3,05
Trempé à 850° dans l'eau
La trempe donne à la place de la perlite
des amas blancs bordés de noirs.
G = 330 d.

Pour les hautes teneurs en aluminium, on est en présence d'un constituant qu'une trempe à 950° ne détruit pas, du moins entièrement.

Phot. 18. — C = 0,813   Al = 4,65
Trempé à 230° dans l'eau
La martensite remplace exactement la
perlite.
G = 200 d.

Phot. 19. — C = 0,666   Al = 9,15
Trempé à 900° dans l'eau
Il se forme de la troostite ou de la sorbite
à la place de la perlite.
G = 200 d.

L'acier garde sensiblement la même structure, il n'apparaît pas de martensite.

Si l'on trempe un acier de la deuxième série, on note des faits identiques à ceux que nous venons d'indiquer. Les aciers renfermant jusqu'à 7 0/0 d'aluminium, donne de la martensite en lieu et place de la perlite ; mais plus il y a d'alu-

minium, moins cette martensite possède de formes nettes (phot. 18). En tous les
cas, la martensite occupe régulièrement la place de la perlite; la solution fer-alu-

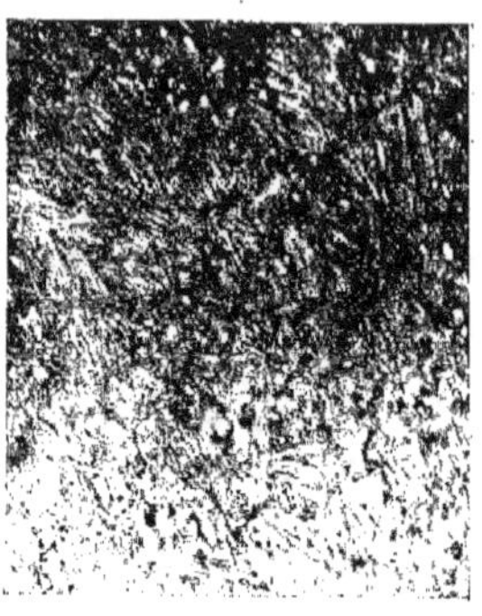

Phot. 20. — C = 0,860   Al = 14,9
Trempé à 1.000° dans l'eau
Il reste un peu de cémentite non
dissoute (points blancs).
G = 200 d.

Phot. 21. — C = 0,860   Al = 14,9
Trempé à 1.050° dans l'eau
On n'a plus que de la martensite
très grosse.
G = 200 d.

minium n'est pas atteinte par la trempe; enfin le bord des parties transformées
est formé d'un liseré noir qui se rapproche beaucoup de la troostite; la transformation en martensite n'a pas été complète.

Quant aux aciers contenant plus de 7 0/0 d'aluminium ils ne changent pas
sensiblement de microstructure, tant que la température de trempe est inférieure
à 1.000°; il n'y a pas de martensite, mais il se forme de la troostite ou de la sorbite. Au delà de cette température, la structure martensitique apparaît (phot. 21).
Mais il reste assez souvent de la cémentite non transformée, quand la température de trempe est trop voisine de 1.000° (phot. 20).

Propriétés mécaniques.

Essais à la traction.

SÉRIE I

Les résultats obtenus dans les essais à la traction sur les aciers de la première série trempés à 850° dans l'eau sont donnés dans le tableau suivant :

Carbone	Aluminium	R	E	A 0/0	Σ
0,485	0,56	46,2	29,1	22	64,1
0,123	1,08	51,2	40.8	15	20,8
0,168	2,04	48,9	31,3	7,5	4,3
0,157	3,05	42,2	28,3	4	1,4
0,148	5,07	47,3	33,5	2	0
0,085	7,18	45,3	45,3	0	0

Si nous rapprochons ces résultats de ceux obtenus sur aciers bruts de forge, nous voyons que, au point de vue de l'influence de la trempe, les aciers à l'aluminium se divisent en deux classes distinctes :

1° Tant que le pourcentage est inférieur à 3 0/0 c'est-à-dire tant que la perlite se rapproche de celle des aciers au carbone ordinaire la charge de rupture et la limite élastique s'élèvent ; les allongements et les strictions diminuent et cette diminution est beaucoup plus accentuée que dans les aciers ordinaires à même dose de carbone ;

2° A partir de 3 0/0 l'influence de la trempe est nulle, sur la charge de rupture et la limite élastique, les allongements et strictions sont nuls.

SÉRIE II

Quelques aciers seuls ont pu être essayés, plusieurs ont tapé à la trempe. On a obtenu :

COMPOSITION		R	E	A 0/0	Σ
Carbone	Aluminium				
0,691	2,89	95,5	58,4	3	4,5
0,663	7,00	102,5	73,8	0	0
0,860	14,90	103,4	56,5	0	0

Ici la trempe augmente très sensiblement la charge de rupture et la limite élastique. Comme pour les aciers au carbone nous avons cherché à voir l'influence de la trempe à 1.100° mais les éprouvettes ont constamment « tapé » dans cette opération.

Essais au choc de la dureté.

SÉRIE I

COMPOSITION		Nombre de kilogrammètres	Chiffre de Brinell
Carbone	Aluminium		
0,085	0,501	22	143
0,113	1,083	10	159
0,168	2,046	5	143
0,134	3,050	2	163
0,168	5,077	2	192
0,083	7,18	0	192

On voit que la trempe augmente la fragilité des premiers aciers et n'a pas d'action sur celle des produits plus riches en aluminium. La dureté est un peu augmentée pour tous ces aciers.

SÉRIE II

COMPOSITION		Nombre	Chiffre
Carbone	Aluminium	de kilogrammètres	de Brinell
0,736	0,450	0	512
0,669	1,052	0	600
0,796	1,094	0	332
0,691	2,890	0	269
0,815	4,65	0	375
0,063	7,00	0	255
0,860	14,90	0	262

Ici la fragilité et la dureté sont généralement augmentées. Il faut remarquer toutefois que le dernier échantillon a peu varié de dureté dans la trempe à 850°.

4° Aciers recuits.

Micrographie

Lorsqu'on recuit les aciers de la première série à haute température (1.200° par exemple) pendant quatre heures, on n'obtient pas comme avec les aciers ordinaires, une perlite plus divisée ; ce constituant garde toujours son aspect granulaire tout en grossissant. Le même phénomène se retrouve, d'ailleurs, identiquement avec les aciers des deux séries (phot. 22, 23 et 24).

Il est à noter que dans aucun cas le recuit ne nous a donné une précipitation de graphite.

Essais mécaniques.

Quel que soit l'acier considéré le recuit l'adoucit. Nous en donnerons trois exemples.

1° L'acier à 0,113 0/0 C et 10,83 0/0 Al a donné ;

Brut de forge : $R = 40,8$; $E = 33,6$; A 0/0 = 30 ; $\Sigma = 65,2$; kilogrammètres = 23, chiffre de Brinell = 105 ;

Recuit à 900° pendant quatre heures : $R = 39,8$; $E = 34,5$; A 0/0 = 26 ; $\Sigma = 60,1$; kilogrammètres = 12 ; chiffre de Brinell = 51 ;

2° L'acier à 0,168 0/0 C et 5,07 0/0 Al a donné :

Brut de forge : $R = 50,7$; $E = 34,4$; A 0/0 = 21 ; $\Sigma = 45,9$; kilogrammètre = 0 ; chiffre de Brinell = 143 ;

Recuit à 900° pendant quatre heures : $R = 44,3$; $E = 33,5$; A 0/0 = 2 ; $\Sigma = 0$; kilogrammètre = 0 ; chiffre de Brinell = 131 ;

3° L'acier à 0,796 0/0 C et 1,094 0/0 Al donne :

Brut de forge : $R = 97,7$; $E = 46,0$; A 0/0 = 6 ; $\Sigma = 4,5$; kilogrammètre = 0 ; chiffre de Brinell = 223 ;

Recuit à 900° pendant quatre heures : $R = 92,5$; $E = 45,2$; kilogrammètre $= 0$; chiffre de Brinell $= 228$.

Les allongements et strictions sont plutôt diminuées.

5° Aciers cémentés.

La cémentation des aciers à l'aluminium devait être particulièrement intéressante à étudier, nous avons démontré, en effet, que le carbone n'était pas soluble dans le fer ayant déjà dissous certaine quantité d'aluminium.

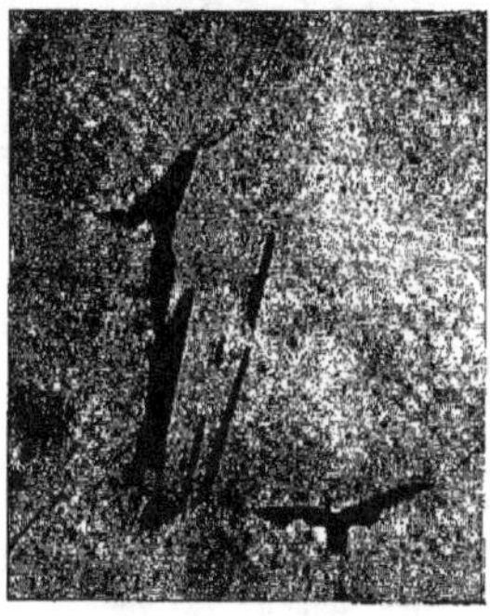

Phot. 22. — $C = 0,134$ $Al = 3,05$
Recuit pendant 4 h. à 1.200°
La perlite ne s'est pas résolue.
$G = 200\ d$.

Phot. 23. — $C = 0,168$ $Al = 5,07$
Recuit à 1.200° pendant 4 heures
La perlite est restée granulaire.
$G = 200\ d$.

Nous avons donc cru nécessaire de mesurer les vitesses de pénétration pen-

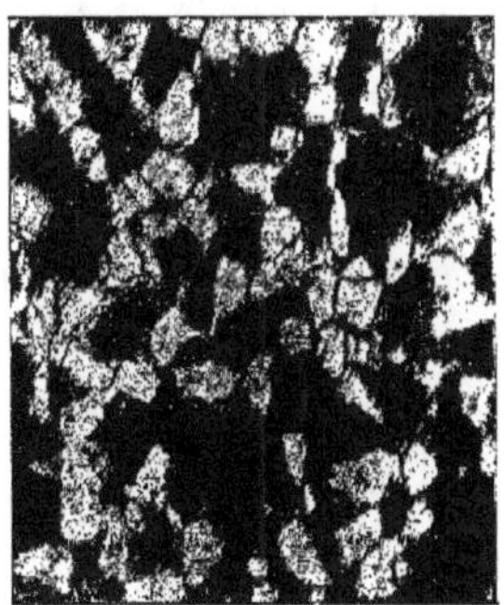

Phot. 24. — $C = 0,663$ $Al = 7,0$
Recuit à 900° pendant 4 heures
La perlite est toujours compacte.
$G = 200\ d$.

dant un temps déterminé à une température définie pour ces divers aciers à l'aluminium de la première série.

Nous sommes arrivés aux résultats suivants, la température de cémentation étant de 1.000° ; le temps huit heures le cément : 40 carbonate de baryum + 60 charbon :

Teneur en aluminium.	Pénétration en dixièmes de millimètre.
1 0/0	4
3 0/0	2

Dans les mêmes conditions la pénétration dans un acier au carbone eût été : 9 dixièmes de millimètre ; il y a donc un retard très important.

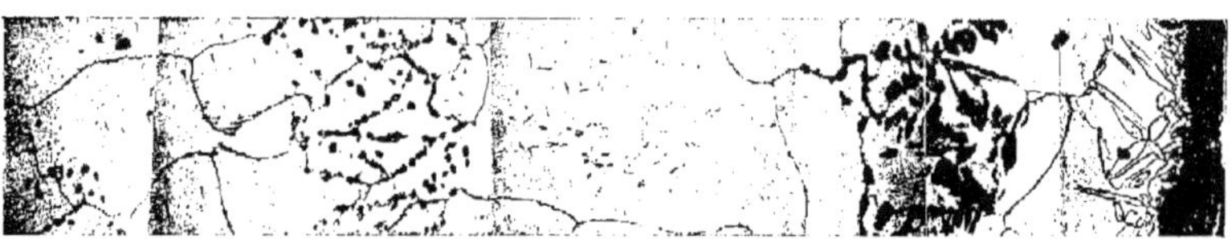

Bande montrant la cémentation d'un acier à 0,200 C et 7 0/0 Al.
A gauche, on trouve des amas de perlite granulaire telle qu'elle existe dans l'acier primitif ; la droite représente le bord de l'acier, où l'on note des amas noirs de perlite ou de sorbite et des grands cristaux de cémentite.
On remarquera combien la cémentation est faible et irrégulière.
Conditions de cémentation : Température 1.000°. — Temps : 8 heures. Cément : 60 p. + 40 p. CO³ Ba.

Avec l'acier à 7 0/0 d'aluminium, il n'y a plus de cémentation à proprement parler. La bande micrographique que nous donnons reproduit bien le phénomène. On trouve des amas de perlite mal réparties, puis à l'extrème bord on trouve des cristaux allongés qui doivent être de la cémentite.

Conclusions.

L'aluminium n'a pas d'action importante sur les propriétés mécaniques des aciers, tant que son pourcentage est faible. Au-delà de 2 à 3 0/0, il apporte une fragilité très grande.

Jusqu'à 15 0/0 d'aluminium, on ne trouve pas de combinaison fer aluminium ; l'aluminium entre en solution dans le fer.

La solution fer-aluminium ainsi formée ne dissout pas le carbone ; aussi la perlite prend-elle une forme granulaire spéciale, qui explique la fragilité de certains aciers et la martensite ne se produit-elle par trempe que là où il y avait de la perlite.

Enfin on rencontre, dans des aciers à l'aluminium, de la cémentite libre, bien que ces aciers renferment beaucoup moins que 0,85 0/0 de carbone.

Il est bon de rappeler ici que les aciers à basse teneur en aluminium possèdent un très faible hystérésis, qui les désigne pour les constructions électriques.

LES ACIERS AU COBALT

La similitude si grande qui existe entre le nickel et le cobalt pouvait faire supposer que ces deux métaux auraient même action sur le fer. Il n'en est rien.

Il est bon de faire remarquer, de suite, qu'une différence importante existe cependant entre le nickel et le cobalt; nous voulons parler du point de transformation magnétique qui est à 950° pour le cobalt et à 350° pour le nickel.

Nous avons examiné des aciers renfermant jusqu'à 30 0/0 de cobalt avec 0,800 de carbone. Nous venons même de préparer plusieurs échantillons à 50 et 60 0/0 de cobalt. *Tous ces échantillons sans exceptions sont perlitiques.*

D'ailleurs les essais mécaniques bien qu'indiquant une plus value de la charge de rupture ne montre nullement de transformation subite.

Rappelons tout d'abord que M. Dumas a donné des résultats fort intéressants sur quelques aciers au cobalt qui se trouvent résumés dans le tableau suivant :

Composition		Essai à la traction			
C	Co	R	E	A 0/0	Σ
0,250	5,12	46.7	33,5	32	68
0,267	10,80	60,6	44,1	27,5	53
0,287	15,40	66,7	49,7	25,5	55
0,160	19,76	73,8	59,8	18,5	42
0,183	25,16	74,2	66,3	18,5	39
0,117	29.24	76,8	54,9	18	34

On voit qu'il y a un relèvement lent de la charge de rupture et de la limite élastique et une diminution également lente des allongements et des strictions.

Des résultats donnés par M. Hadfield semblent tendre aux mêmes conclusions. Les voici :

Composition		Essai à la traction			
C	Co	R	E	A 0/0	Σ
0,16	0,53	59,7	42,5	29	43
0,25	4,80	64,5	39,3	19	24
0,38	2,50	82	50,7	15	15
0,55	4,46	89,5	58	15	47
0,52	6,91	86,5	?	14	13

Voici enfin les résultats que nous avons obtenus sur des aciers à 0,800 0/0 de carbone environ :

Composition		Essai à la traction				Essais	
C	Co	R	E	A %	Σ	au choc	à la dureté
0,886	1,15	121,8	46,6	5	10,6	3	248
0,750	6,72	102,3	51,1	7	11,6	4	241
0,813	9,76	122,6	44,0	5	6,8	3	248
0,750	29,30	118,5	50,5	6	11,5	3	241

Il n'y a donc aucun changement brusque dans les propriétés mécaniques. Les aciers au cobalt ne présentent aucun intérêt industriel; ils offrent seulement cette particularité qui peut paraître bizarre *à priori*, de ne rappeler en rien les aciers au nickel.

COMPARAISON DES PROPRIÉTÉS

ET CLASSIFICATION DES ACIERS TERNAIRES

Nous avons étudié en détail la constitution et les propriétés des aciers ternaires, c'est-à-dire des alliages de fer, de carbone et d'un troisième corps, nickel, manganèse, chrome, tungstène, molybdène, silicium, vanadium, cobalt, étain, titane et aluminium.

Il nous semble nécessaire maintenant de tirer quelques conclusions générales.

Rappelons d'abord sommairement les résultats obtenus tant au point de vue micrographique que mécanique.

Aciers au nickel.

Les aciers au nickel sont ou perlitiques, ou martensitiques, ou à fer γ.

Plus l'acier renferme de carbone, moins il faut de nickel pour passer d'une structure à l'autre.

Le tableau suivant donne la microstructure en fonction des teneurs en carbone et nickel.

Classes	Constitution	Aciers à 0,200 C	Aciers à 0,800 C
1	Perlite	De 0 à 10 0/0 Ni	De 0 à 5 0/0 Ni
2	Martensite	De 10 à 27 0/0 Ni	De 5 à 15 0/0 Ni
3	Fer γ	Ni $>$ 27 0/0	Ni $>$ 15 0/0

Il ne faut pas oublier que le passage d'une classe à l'autre ne se fait pas subitement, mais bien progressivement, qu'il existe par conséquent deux sous-groupes l'un formé de perlite et de martensite, l'autre de martensite et de fer γ.

Au point de vue des propriétés mécaniques : les aciers perlitiques ont une charge de rupture peu différente de celles des aciers ordinaires [1] ; cette différence augmente cependant lentement avec la teneur en nickel.

Le nickel dans les aciers perlitiques n'augmente pas la fragilité et ne diminue pas sensiblement les allongements. Bien au contraire, ces aciers sont

(1) Il est bien entendu que toute comparaison est supposée faite entre des aciers *à même teneur en carbone*.

plus homogènes et donnent, bruts de forge, des résultats bien meilleurs que les aciers au carbone.

Les aciers martensitiques ont comme caractéristiques une charge de rupture et une limite élastique très élevée, des allongements très faibles et une grande dureté.

Quant à la fragilité, elle est évidemment bien supérieure à celle des aciers ordinaires, mais lorsque la teneur en carbone est peu élevée, elle n'est pas très grande ; on trouve des aciers au nickel martensitiques qui donnent, au mouton Frémont, 10 kilogrammètres. Donc la martensite au nickel renfermant peu de carbone en solution n'est pas très fragile.

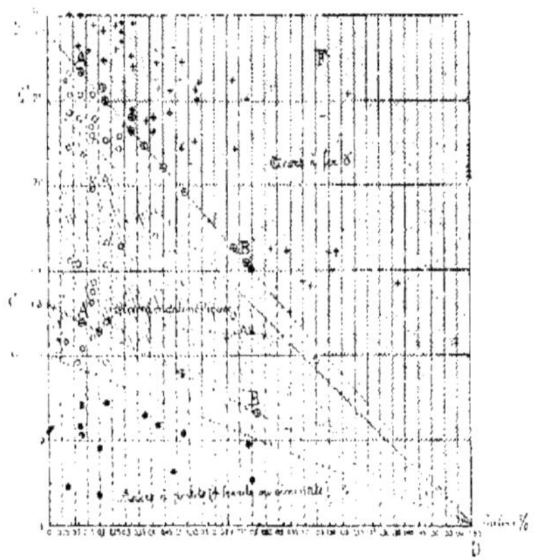

Fig. 1. — Diagramme des aciers au nickel.

Une autre remarque très importante est la suivante : lorsque parmi les aciers martensitiques on cherche, en faisant varier les teneurs en carbone et en nickel, les aciers donnant les charges de rupture et limites élastiques les plus élevées, on est étonné de noter que ce ne sont pas les aciers renfermant le plus de carbone.

J'insiste sur ce point que je n'ai pas encore développé : on se souvient que tandis que la martensite apparaît sous ses formes ordinaires dans les aciers au nickel peu carburés, elle se présente en aiguilles noires très facile à colorer dans les aciers martensitiques contenant plus de 0,600 de carbone. Or ces aciers sont loin d'avoir une charge de rupture aussi élevée que ceux peu carburés.

On est conduit à se demander si l'on est bien là en présence de martensite, ou d'un autre constituant dont la facile coloration par l'acide picrique fait penser à la sorbite.

Ceci d'ailleurs s'explique aisément : tant que le carbone est en quantité peu élevée, le nickel peut le maintenir entièrement dissout ; lorsqu'il est plus abondant, il n'en serait plus ainsi et l'on aurait alors une forme intermédiaire entre la martensite et la perlite : troostite ou sorbite.

Quant aux aciers à fer γ, ils sont comme vous le savez, caractérisés par une charge de rupture moyenne, une limite élastique très basse, de magnifiques allongements, une résistance au choc remarquable. Ils possèdent une dureté qui varie beaucoup avec les corps en solution.

Nous avons pu résumer ces résultats dans un diagramme (fig. 1) très simple qui permet, étant donnée la composition d'un acier de lui trouver ses principales caractéristiques.

Aciers au manganèse.

Les aciers au manganèse donnent des résultats analogues aux aciers au nickel. Ils sont perlitiques, martensitiques ou à fer γ. Mais lorsque la teneur en carbone est assez grande on a, au lieu de martensite, de la troostite qui est ou pure ou mélangée de martensite. Le tableau suivant donne les variations de structure avec la composition.

Classes	Constitution	Acier à 0,200 C	Aciers à 0,800 C
1	Perlite	De 0 à 5 0/0 Mn	De 0 à 3 0/0 Mn
2	Martensite et troostite	De 5 à 12 0/0 Mn	De 5 à 7 0/0 Mn
3	Fer γ	Mn > 12 0/0	Mn > 7 0/0

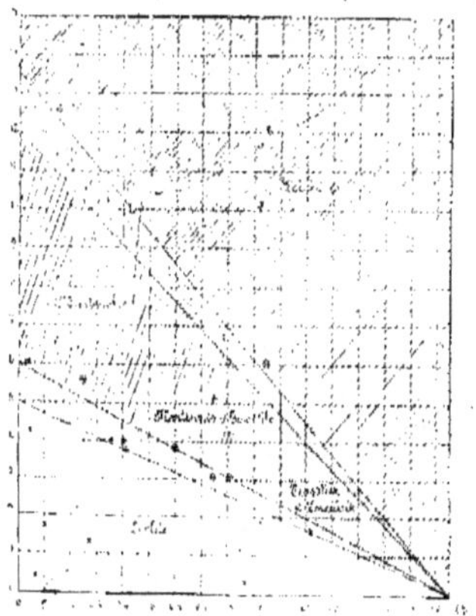

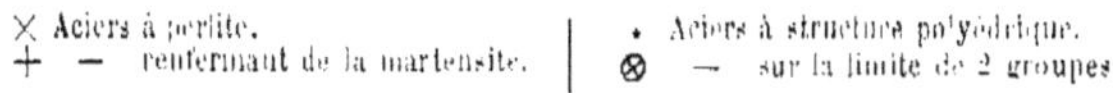

✕ Aciers à perlite.
+ — renfermant de la martensite.
• Aciers à structure polyédrique.
⊗ — sur la limite de 2 groupes.

Fig. 2. — Diagramme des aciers au manganèse.

Les propriétés sont sensiblement celles que nous avons données pour les aciers au nickel.

Deux remarques seulement s'imposent.

Les aciers au manganèse perlitiques ne sont pas plus fragiles que les aciers ordinaires, au contraire de ce qu'on a cru longtemps.

Les aciers au manganèse à fer γ sont extrêmement difficiles à travailler, ceci confirme bien l'opinion déjà émise que les propriétés du fer γ dépendent essentiellement, pour la dureté et le travail des corps en solution.

Le diagramme (fig. 2) résume les propriétés des aciers au manganèse. Il est analogue à celui des aciers au nickel mais la zone martensitique a subi trois subdivisions.

Aciers au chrome.

Les aciers au chrome sont ou perlitiques ou martensitiques ou à carbure double. Les aciers martensitiques lorsqu'ils renferment suffisamment de carbone contiennent de la troostite qui, d'ailleurs, peut être pure. Le tableau suivant résume la microstructure des aciers au chrome avec leur composition.

Classe	Microstructure	Aciers à 0,200 C	Acier à 0,800 C
1	Perlite	De 0 a 7 0/0 Cr	De 0 à 3 0/0 Cr
2	Martensite Troostite	De 7 à 15 0/0 Cr	De 3 à 10 0/0 Cr
3	Constit. spec. et martensite	De 15 à 20 0/0 Cr	De 10 à 18 0/0 Cr
4	Constituant spécial	Teneur en chrome > 20 0/0	Teneur en chrome > 18 0/0

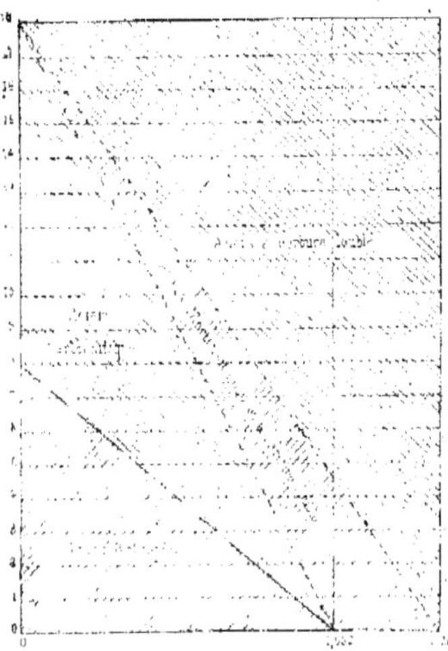

Fig. 3. Diagramme des aciers au chrome.

Les aciers perlitiques ont des propriétés analogues aux aciers ordinaires; toutefois leur charge de rupture augmente avec le pourcentage en chrome, ils sont notamment moins résistants au choc que les aciers ordinaires; leur dureté croît rapidement avec la teneur en chrome. Les aciers martensitiques possèdent de très hautes charges de rupture, de très hautes limites élastiques, de faibles allongements; ils sont fragiles, mais cette fragilité n'est pas très accentuée dans les aciers peu carburés: ils possèdent une dureté très élevée qui dépend surtout de la teneur en chrome et non de celle en carbone.

Les aciers à troostite ont, toutes choses égales d'ailleurs, des charges de rupture beaucoup moins élevées.

Les aciers à carbure double possèdent une charge de rupture moyenne, une limite élastique très basse; ils se rapprochent ainsi des aciers à fer γ; mais ils ont de très belles strictions et des allongements moyens; ils sont très peu durs, ils possèdent une extrême fragilité, qui doit être attribuée à la présence du carbure double. On voit qu'il n'y a *aucune relation entre les allongements et la fragilité dans ces aciers.*

Le diagramme (fig. 3), qui peut être regardé comme provisoire, donne les principales caractéristiques de ces aciers en fonction de leur composition; il est à noter que sur ce diagramme la région intermédiaire entre les aciers martensitiques et les aciers à carbure double est nettement indiquée et que plus la teneur en carbone est élevée plus ces aciers sont nombreux pour une même teneur en chrome.

Aciers au tungstène.

Les aciers au tungstène sont ou perlitiques ou à carbure double; ils se présentent avec des caractéristiques différentes suivant la teneur en tungstène; ils se colorent aisément par le picrate de soude en solution solide. Lorsque le tungs-

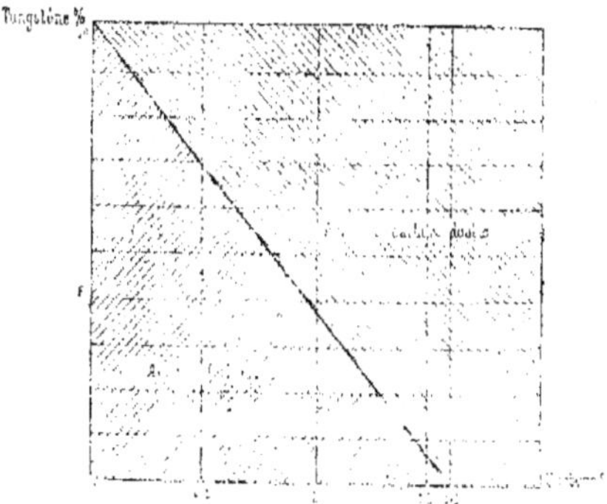

Fig. 4. — Diagramme des aciers au tungstène.

tène est en quantité relativement faible, cette coloration disparaît au fur et à mesure que la teneur en tungstène augmente.

Le tableau suivant résume la constitution des aciers au tungstène en fonction de leur composition.

Classes	Microstructure	Aciers à 1,200 C	Aciers à 0,800 C
1re classe	Perlite	De 0 à 10 0/0 W	De 0 à 5 0/0 W
2e classe	Constituant spécial se présentant en grains ou filaments blancs	Teneur en W > 10 0/0	Teneur en W < 5 0/0

Les aciers perlitiques possèdent une charge de rupture d'autant plus élevée qu'ils renferment plus de tungstène. Les strictions et les allongements diminuent mais lentement; quant à la fragilité elle ne semble pas augmenter; la dureté est plus élevée que dans les aciers ordinaires.

Les aciers à carbure possèdent des charges de rupture élevées qui sont d'autant plus importantes que la teneur de carbone est plus grande, mais elles semblent croître avec la teneur en tungstène. Les limites élastiques sont plutôt basses, les allongements très faibles. Ces aciers donnent uniformément au mouton Frémont 6 kilogrammètres quelle que soit leur teneur en carbone et leur teneur en tungstène.

Le diagramme (fig. 4) résume les principales caractéristiques des aciers au tungstène.

Aciers au molybdène.

Les aciers au molybdène se rapprochent entièrement des aciers au tungstène, tant au point de vue micrographique qu'au point de vue mécanique.

Il faut seulement noter que le molybdène agit avec un plus faible pourcentage que le tungstène; il faut environ quatre fois moins de molybdène que de tungstène.

Classes	Microstructure	Aciers à 0,200 C	Aciers à 0,800 C
1	Perlite	De 0 à 2 0/0 Mo	De 0 à 1 0/0 Mo
2	Constituant spécial	Teneur en Mo > 2 0/0	Teneur en Mo > 1 0/0

Le diagramme (fig. 5) donne les propriétés des aciers au molybdène, il est

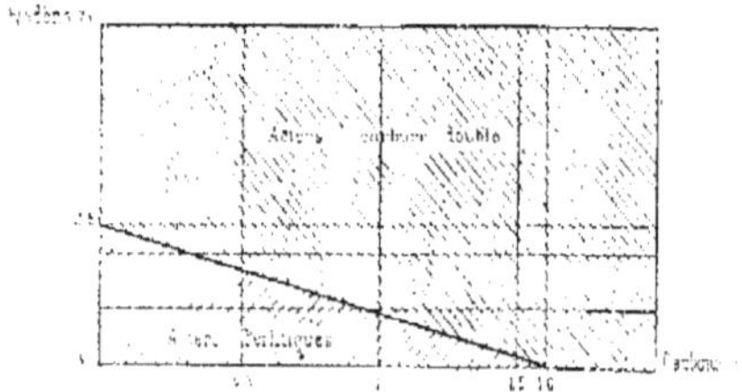

Fig. 5. — Diagramme des aciers au molybdène.

absolument analogue à celui des aciers au tungstène : la droite définissant les deux catégories d'acier est la droite 1, 6 — 2, 5.

Aciers au vanadium.

Les aciers au vanadium, qui constituent en quelque sorte une nouveauté métallurgique sont, au point de vue de leur constitution, intéressants à étudier. Ils sont ou perlitiques ou à carbure.

Lorsque l'acier contient peu de vanadium, ce dernier corps se dissout dans le fer, mais la solution fer-vanadium contenant environ 0,7 0/0 de vanadium est saturée ; à ce moment, le vanadium se porte sur le carbone de la perlite et s'en empare pour donner un carbure de vanadium : de telle sorte que, si l'on examine des aciers contenant 0,800 de carbone, ces aciers sont d'abord perlitiques et ne présentent rien d'anormal tant que le fer qu'ils renferment n'est pas saturé de carbone ; mais lorsque cette saturation est atteinte, le vanadium absorbe le carbone de la perlite ; celle-ci diminue très sensiblement tandis que les grains de carbure sont encore

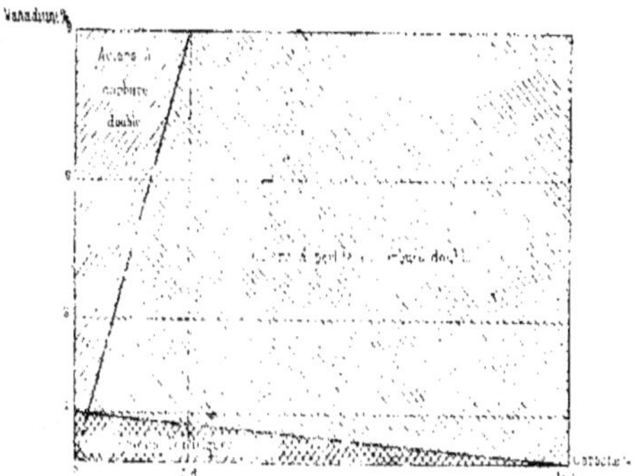

Fig. 6. — Diagramme des aciers au vanadium.

peu apparents. Il s'ensuit qu'un examen micrographique d'un acier au vanadium peut donner des renseignements absolument inexacts sur la teneur en carbone. Le carbure de vanadium est très riche en carbone, de telle sorte que les grains de ce constituant sont relativement peu importants ; de plus ce carbure ne paraît pas se dissocier ; il préexiste donc dans le bain liquide ; comme il possède une très grande légèreté, il remonte après la coulée ; d'où il résulte que les aciers au vanadium contenant du carbure de vanadium sont absolument hétérogènes et que l'on retrouve ainsi que l'on a pu le constater à maintes reprises dans la partie haute du lingot plus de carbone que dans la partie basse.

Il faut donc distinguer trois classes d'aciers au vanadium : les aciers perlitiques, les aciers qui renferment de la perlite et du carbure et des aciers contenant tout le carbone à l'état de carbure.

Le tableau suivant résume les variations de la microstructure des aciers au vanadium avec leur composition.

Microstructure	Aciers à 0,200 C	Aciers à 0,800 C
Aciers à perlite seule	De 0 à 0,7 0/0 Va	0 à 0,5 0/0 de Va
Aciers à perlite et à constituant spécial.	0,7 à 3 0/0 de Va	0,5 à 7 0/0 de Va
Aciers à constituant spécial. .	Va > 3 0/0	Va > 7 0/0

Les aciers perlitiques ont des charges de rupture d'autant plus élevées qu'ils renferment plus de vanadium et la différence avec la charge de rupture des aciers ordinaires à même teneur en carbone est suffisamment importante pour que l'application des aciers au vanadium dans l'industrie semble intéressante lorsque le prix du ferro-vanadium se sera encore abaissé.

Les aciers contenant de la perlite et du carbure ont une charge de rupture d'autant plus basse que la teneur en vanadium est plus élevée (fig. 6) leur fragilité augmente dans le même sens et ceci s'explique aisément par la formation du carbure d'autant plus abondant que le vanadium est en plus grande quantité. Quant aux aciers à carbure ils ont une charge de rupture peu élevée, une limite élastique très basse ; ils ont une très grande fragilité.

Aciers au silicium.

Les aciers au silicium sont de deux sortes : aciers à perlite, aciers à graphite.

Le passage d'une classe à l'autre est absolument indépendante de la teneur en carbone. Les aciers qui contiennent moins de 5 0/0 de silicium sont à perlite ; les aciers qui renferment de 5 à 7 0/0 renferment de la perlite et du graphite ; au delà de 7 0/0 il n'y a plus de graphite ; il est bien évident que seuls les aciers qui ne renferment pas de graphite sont susceptibles d'être utilisés. Ils ont une charge de rupture d'autant plus élevée qu'ils renferment plus de silicium et la différence avec les aciers au

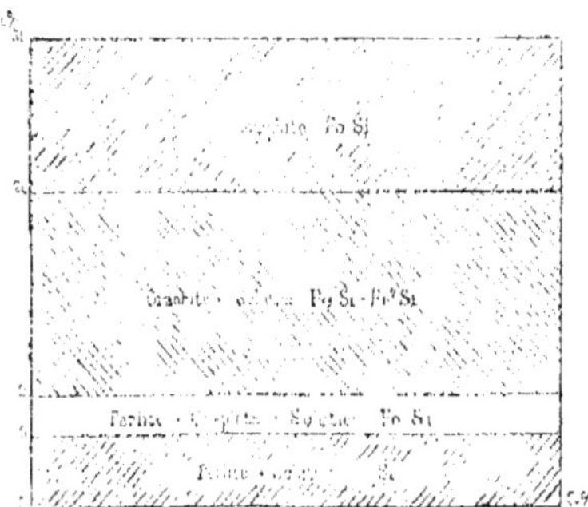

Fig. 7. — Diagramme des aciers au silicium.

carbone est très notable ; mais la fragilité augmente au fur et à mesure que le silicium croît. Le diagramme fig. 7 donne la constitution des aciers au silicium, compte tenu de la formation de certaines solutions et composés sur lesquels nous ne croyons pas devoir insister à nouveau.

Aciers à l'aluminium.

Les aciers à l'aluminium constituent un cas tout spécial que nous résumerons de la façon suivante : l'aluminium entre en solution dans le fer et cette solution lorsqu'elle est suffisamment riche en aluminium ne peut plus dissoudre le carbone. La perlite est alors « recroquevillée »; même lorsque la teneur en aluminium est très élevée, tout le carbone existe à l'état de carbure de fer.

Les aciers à l'aluminium ne présentent aucun intérêt mécanique. Tant que l'aluminium ne dépasse pas 3 0/0 les propriétés sont sensiblement les mêmes que pour les aciers ordinaires, au delà les allongements diminuent très notablement et la fragilité augmente.

Aciers au cobalt.

Ceux-ci nous ont paru même après les études de MM. Hadfield et Dumas, particulièrement intéressants à étudier. Il s'agissait en effet de voir si le cobalt qui est analogue au nickel produit sur le fer et sur les alliages fer-carbone les mêmes effets que ce corps. Il n'en est rien, du moins jusqu'à 30 0/0 de cobalt; jusqu'à ce pourcentage et malgré la teneur en carbone supérieure à 0.800 nous n'avons noté aucune différence ni dans les propriétés mécaniques ni dans la microstructure.

Le cobalt amène une légère augmentation de la charge de rupture, c'est d'ailleurs bien ce qu'avait trouvé M. Dumas.

Ici une observation semble nécessaire : le nickel, le cobalt et le fer sont les trois métaux magnétiques à la température ordinaire que nous connaissons à l'heure actuelle, il semble que d'après les recherches récentes démontrant le magnétisme d'alliages aluminium-manganèse, étain-manganèse, le manganèse est magnétique à une température extrêmement basse. Si donc, nous rangeons dans l'ordre de leur point de transformation, les métaux magnétiques en laissant de côté le fer, nous avons tout d'abord le cobalt dont le point de transformation est de 950°; le nickel dont le point de transformation est de 360 et le manganèse dont le point de transformation est inférieur à — 180°. Or, si l'on se rapporte à ce que nous avons dit, on voit nettement que le métal incorporé dans le fer (cobalt, nickel ou manganèse) a une action d'autant plus importante que son point de transformation est plus bas.

Le chrome, qui, lui aussi, produit la martensite dans les aciers ne donne, jusqu'ici, aucune preuve de magnétisme à basse température : nous avons observé de nombreux échantillons d'alliages chrome-aluminium; aucun n'est magnétique.

Aciers à l'étain et aciers au titane.

Les aciers au titane ne nous ont donné aucun résultat intéressant jusqu'à 10 0/0. Les aciers à l'étain sont perlitiques jusqu'à 5 0/0 d'étain; au delà il se produit un constituant spécial qui doit être une combinaison étain-fer; ces aciers ne présentent aucun intérêt au point de vue mécanique. Les aciers à l'étain sont très difficiles à forger; ils sont extrêmement fragiles. Les aciers au titane n'ont aucune différence sensible de propriétés mécaniques avec les aciers ordinaires.

Classification.

Si l'on se reporte à ce que nous venons de dire, on voit que tous les aciers spéciaux ternaires peuvent être amenés à l'un des types suivants :

1° Aciers perlitiques ;
2° Aciers martensitiques ;
3° Aciers à fer γ :
4° Aciers à carbure :
5° Aciers à graphite.

Voyons ce que l'on peut déduire d'un examen micrographique.

Sur les aciers perlitiques il nous est impossible de ne rien affirmer, *à priori*; leurs propriétés dépendent essentiellement du métal ajouté à l'acier.

L'acier martensitique est assurément à haute charge de rupture, à haute limite élastique, à faibles allongements et à basses strictions; il est généralement fragile, il est dur, et difficile à travailler.

Les aciers à troostite ont à peu près les mêmes propriétés, mais toutes choses égales d'ailleurs. ils ont une charge de rupture moins élevée.

Les aciers polyédriques c'est-à-dire à fer γ ont une limite élastique basse, de magnifiques allongements, une très grande résistance au choc; mais leur plus ou moins grande facilité de travail dépend essentiellement des corps dissous dans le fer γ.

Si l'acier est à carbure on peut, avec quelque habitude, distinguer un acier au chrome qui contient des grains très ronds; un acier au tungstène ou au molybdène qui renferme généralement des filaments très fins [1]; un acier au vanadium dont le carbure est à grains très développés, et souvent triangulaires. On n'a qu'à se reporter aux propriétés que nous avons indiquées.

Quant aux aciers à graphite on peut les reconnaître aisément par simple observation après polissage.

Les différents diagrammes, que nous donnons, montrent l'influence des différents éléments :

1° Sur la charge de rupture (fig. 8 et 9);
2° Sur les allongements fig. 10 et 11 ;
3° Sur la fragilité fig. 12 et 13.

Pour mettre bien en évidence cette influence nous avons rapporté les

[1] Cette distinction peut être grave très subtile; il semble, en effet que la forme, la disposition des grains de carbure soit dépendre surtout de la vitesse de refroidissement. Dans toutes les observations que nous avons faites, même en faisant varier ce facteur, nous avons eu des dispositions analogues pour les différents carbures.

résultats trouvés à ceux d'aciers ordinaires à même teneur en carbone et nous n'avons noté sur les diagrammes que la différence entre ces propriétés. La valeur des ordonnées est donc la différence qui existe entre la charge de rupture, les allongements ou la fragilité de l'acier spécial considéré et la même propriété d'un acier ordinaire à même teneur en carbone.

Ce mode d'interprétation nous a permis de mieux faire ressortir encore la concordance qui existe entre la microstructure et les propriétés des aciers spéciaux.

Pour les aciers au nickel, on voit bien les trois périodes de transformation :

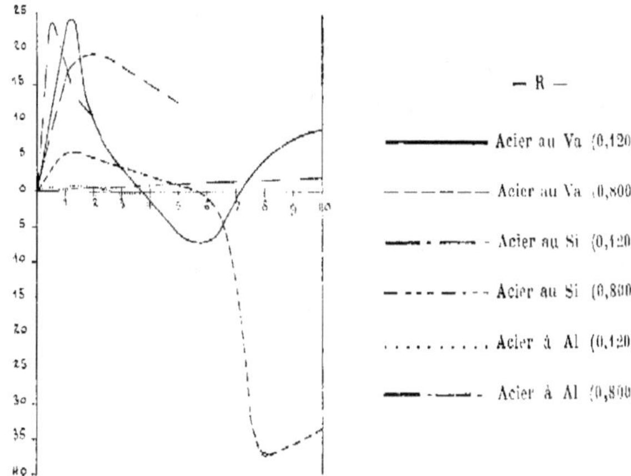

Fig. 8. — Influence des différents éléments sur la charge de rupture.

la différence de charge de rupture croît d'abord lentement (perlite), puis gagne subitement des valeurs élevées où elle se maintient pendant quelque temps (martensite) pour décroître et passer par un minimum, après lequel elle croît à nouveau très lentement (fer γ). On remarque que l'ordonnée correspondant au maximum est beaucoup plus important (dans le rapport de 8 à 1 environ) pour les aciers peu carburés que pour les aciers à 0,800 0/0 de carbone. Enfin pour les aciers à 0,120 0/0 de carbone, le fer γ est juste atteint à la limite de nos expériences, tandis que pour les aciers à 0,800 0/0 de carbone la charge de rupture a des valeurs négatives. Les différences des allongements suivent la loi inverse de celle que nous venons d'indiquer. La différence de fragilité est à peu près nulle au début (perlite), puis prend très rapidement des valeurs négatives très fortes (martensite) et se relève au bout d'un certain temps pour atteindre des valeurs positives très élevées qui ne sont visibles que pour les aciers très carburés (fer γ).

Pour les aciers au manganèse à même teneur en carbone, on retrouve absolument les mêmes règles avec les mêmes observations. Mais les maxima ou minima des courbes sont nettement déplacés vers la gauche.

Fig. 9. — Influence des différents éléments sur la charge de rupture.

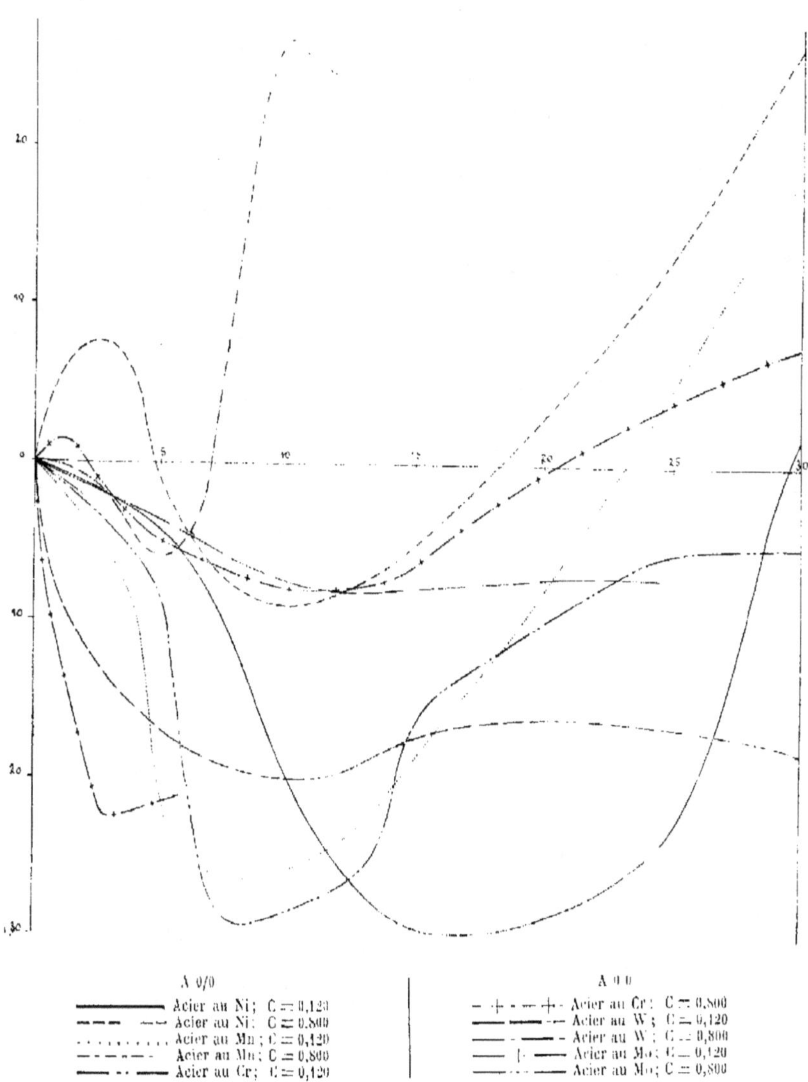

Fig. 11. — Influence des différents éléments sur les allongements.

Les aciers au chrome donnent lieu à des observations spéciales : pour les aciers peu carburés la différence de charge de rupture croît régulièrement pour atteindre des valeurs très élevées (martensite) et décroître ensuite pour se maintenir constante (aciers à carbure double). La loi n'est plus la même pour les aciers très carburés : au début, la différence de charge de rupture est nulle (perlite), puis elle augmente et se maintient constante aux environs de 15 kg. (troostite ou mar-

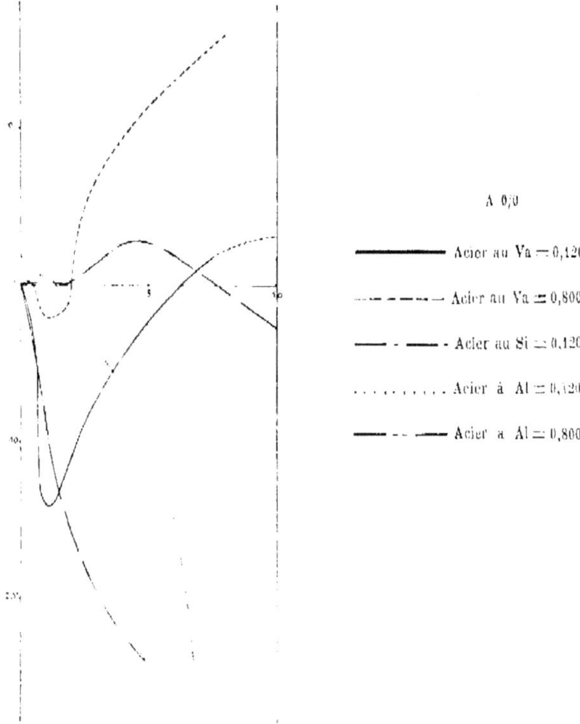

Fig. 16. — Influence des différents éléments sur les allongements.

tensite et carbure double), décroît ensuite pour prendre une valeur négative de plus en plus importante.

Les allongements suivent sensiblement la loi inverse ; il est à noter particulièrement que pour les aciers très carburés, les aciers à carbure double donnent une différence d'allongement qui est positive.

Pour la fragilité, la différence est très petite au début, passe par un minimum qui est faible pour les aciers très carburés (troostite), qui est très important pour les aciers peu carburés (martensite) et atteint une valeur constante nulle pour les premiers, négative pour les seconds (carbure double).

Dans les aciers au tungstène, la différence de la charge de rupture augmente peu à peu (perlite), pour passer par un maximum (apparition du carbure double) et décroître ensuite lentement.

Plus la teneur en carbone est élevée, plus le maximum correspond à une faible teneur en tungstène; mais sa valeur ne varie pas.

La différence d'allongement décroît lentement (perlite), puis atteint une valeur négative constante (carbure double); cette valeur est d'autant plus élevée, en valeur absolue, que la teneur en carbone est plus faible.

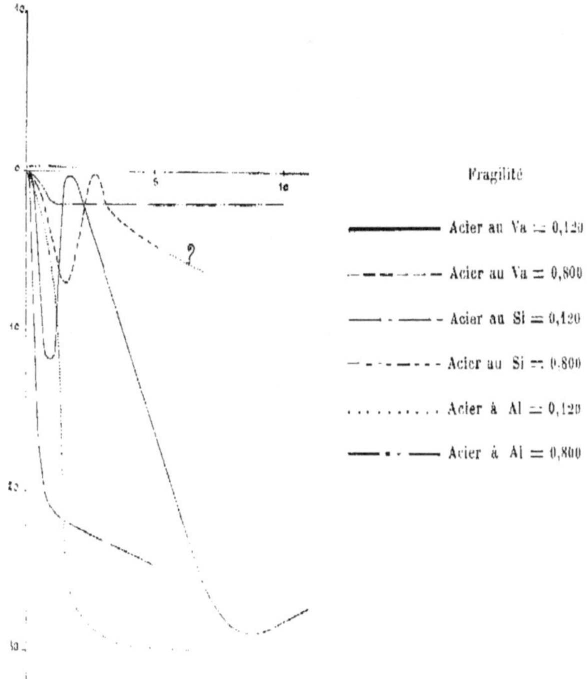

Fig. 12. — Influence des différents éléments sur la fragilité.

La différence de fragilité suit la même loi que les allongements.

Les aciers au molybdène semblent obéir à la même loi; mais des difficultés de forgeage ont empêché de les étudier sur une échelle assez importante pour que l'on puisse conclure d'une façon certaine.

Le vanadium donne d'abord une différence de charge de rupture qui croît très rapidement (perlite), passe par un maximum (solution fer-vanadium saturée) et décroît ensuite (perlite et carbure double) pour atteindre des valeurs négatives, qui, lorsque l'acier est peu carburé, redeviennent positives pour un pourcentage de vanadium plus élevé.

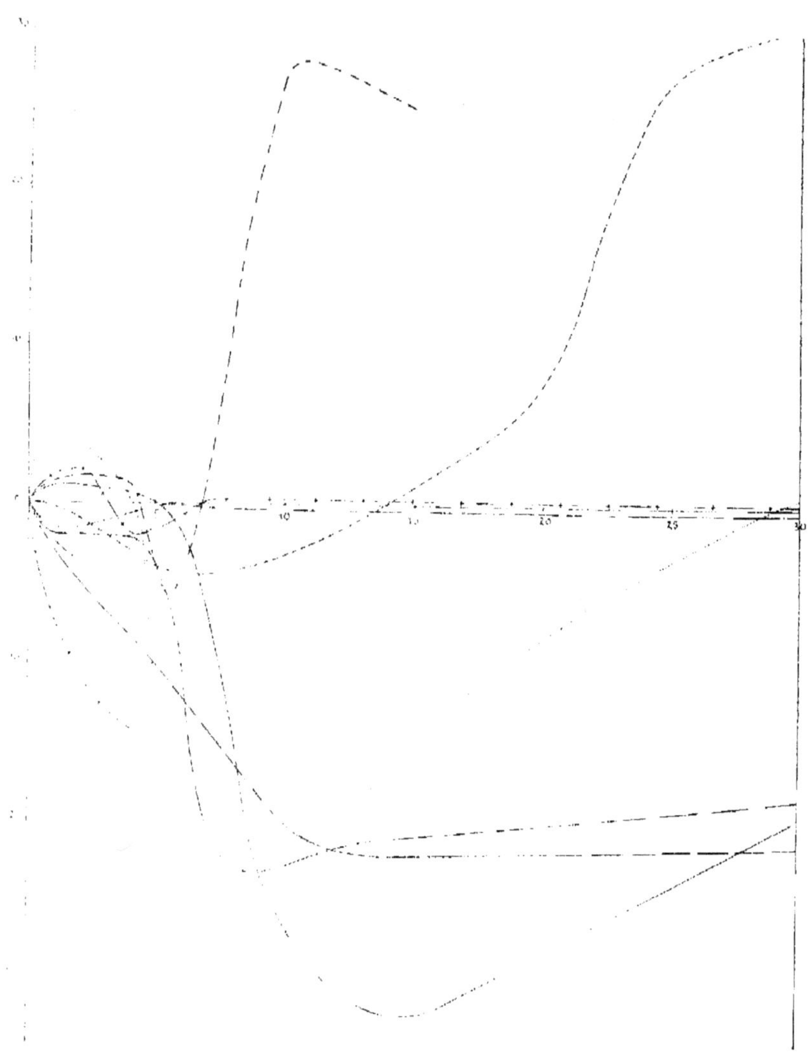

Fig. 13. — Influence des différents éléments sur la fragilité.

Les allongements suivent la loi inverse ; ils décroissent, passent par un minimum (d'autant plus accentué qu'il y a moins de carbone), croissent et prennent des valeurs positives d'autant plus grandes que l'acier est plus carburé.

La différence de fragilité offre un cas particulier : elle est d'abord négative et décroît rapidement (perlite), passe par un minimum (solution fer-vanadium saturée), croît, passe par un maximum au moment où le carbure est en quantité assez importante pour apporter de la fragilité et décroît ensuite.

Dans les aciers au silicium la différence de charge de rupture croît rapidement et cela d'autant plus que la teneur en carbone est plus élevée et passe par un maximum qui est atteint avec une dose de silicium d'autant plus faible que la teneur en carbone est en plus grande quantité.

La différence d'allongements a des valeurs négatives d'autant plus accentuée que la teneur en silicium est plus élevée.

La différence de fragilité est très grande pour les aciers peu carburés, à peu près nulle pour les aciers carburés.

L'aluminium n'a pas d'influence, comme on le voit, sur la différence de charge de rupture ; de même sur la différence des allongements pour les aciers très carburés ; mais affecte très nettement celle des aciers peu carburés.

La différence de fragilité, très grande pour ceux-ci, est faible pour les premiers.

Influence des traitements.

Nous examinerons rapidement l'influence des traitements sur les différents aciers ternaires.

Trempe. — Les aciers perlitiques deviennent par trempe à bonne température martensitiques ; une seule exception a lieu pour les aciers à l'aluminium qui ne donnent de la martensite que là où se trouvait préalablement la perlite.

Les propriétés de la martensite résultant de la trempe d'un acier spécial dépendent essentiellement de la composition chimique ; on peut résumer ces propriétés en disant que :

La martensite produite par trempe d'un acier très peu carburé (maximum 0,120) n'est jamais fragile quels que soient les autres éléments mis en présence, y compris le manganèse.

Seul le carbone apporte avec lui de la fragilité dans la trempe.

Parmi les aciers carburés les moins fragiles, dans le sens perpendiculaire au laminage, sont les aciers au silicium.

Les aciers martensitiques, de par eux-mêmes, ne subissent pas de grandes transformations par trempe. Ceux qui renferment un peu de fer α, deviennent plus durs ; ceux qui contiennent un peu de fer γ s'adoucissent.

Généralement quand un acier martensitique est sur la limite des aciers à fer γ il s'adoucit par trempe.

Les aciers à troostite durcissent par trempe appropriée : la troostite se transforme alors en martensite.

Quant aux aciers à fer γ, ils s'adoucissent par trempe et cela très nettement exception doit être faite cependant sur les premiers aciers de cette série.

Les aciers à carbure double doivent être divisés en deux classes :

1° Ceux dont les carbures se dissocient ou se dissolvent ;

2° Ceux dont les carbures sont fixes.

Les premiers sont les aciers au chrome, au tungstène et au molybdène.

Les seconds sont les aciers au vanadium.

Ces derniers ne sont nullement transformés par trempe.

Les premiers subissent des trempes qui peuvent avoir des effets très différents.

Les aciers au chrome sont adoucis, avec production probable de fer γ ; les aciers au tungstène et au molybdène considérablement durcis avec production de martensite ; mais le durcissement n'est pas proportionnel à la teneur en tungstène ; car une partie du carbure n'est pas dissoute quand le tungstène est en quantité assez importante.

Quant aux aciers à graphite ils ne sont pas transformés par trempe.

Recuit. — Il faut distinguer le recuit suivi d'un refroidissement lent, et le recuit suivi d'un refroidissement à l'air.

Le recuit suivi d'un refroidissement lent adoucit tous les aciers ternaires à l'exception des premiers aciers à fer γ.

Le recuit avec refroidissement à l'air, produit le même effet ; mais les premiers aciers au tungstène et au molybdène à carbure double subissent de ce fait une transformation superficielle ; ils deviennent martensitiques.

Autres traitements. — L'écrouissage atteint tous ces aciers comme les aciers au carbone. Le recuit fait disparaître l'effet de ce traitement, excepté pour les premiers aciers de la série à fer γ. Tandis que le refroidissement suivi d'un réchauffement n'a pas d'action sur la plupart des aciers, il agit nettement **sur ces** premiers aciers à fer γ qui sont durcis.

On voit donc que ces produits font exception à la règle générale.

C'est qu'ils subissent dans ces différents traitements une transformation allotropique : le fer γ se transforme en martensite.

Ainsi se trouve résumée cette première partie des recherches sur les aciers spéciaux, dont le seul mérite aura été d'apporter un peu de clarté dans une question industrielle particulièrement intéressante et tout-à-fait à l'ordre du jour.

Cette étude va se continuer par des recherches du même ordre d'idées sur les aciers quaternaires, notamment nickel-manganèse, nickel-chrome, nickel-vanadium, chrome-tungstène, etc., et se compléter par une série de nouvelles études sur les aciers ternaires dont nous venons de résumer la micrographie et les propriétés mécaniques : résistance électrique, points de transformation, résistance à chaud, etc.

Qu'il me soit permis de compter pour ce nouveau travail sur les encouragements et les conseils qui m'ont été si précieux au cours de ces dernières années et que n'ont cessé de me prodiguer MM. Le Chatelier, Osmond, Hadfield, Pourcel, Guillaume, Dumas et bien d'autres savants métallurgistes.

TABLE DES MATIÈRES

	Pages
Préface	1
Les aciers au chrome	1
Les aciers au tungstène	31
Les aciers au molybdène	53
Les aciers à l'étain	65
Les aciers au titane	71
Les aciers au vanadium	77
Les aciers à l'aluminium	97
Les aciers au cobalt	115
Comparaison des propriétés et classification des aciers ternaires	145

ANGERS. — IMPRIMERIE A. BURDIN ET Cie, RUE GARNIER, 4.

La « Revue de Métallurgie » paraît mensuellement et comprend trois fascicules distincts ayant chacun leur pagination spéciale :

MÉMOIRES,

EXTRAITS,

VARIÉTÉS ET ANNONCES.

Les deux premières parties, exclusivement techniques, forment ensemble un volume d'un millier de pages par an. Le nombre des pages consacrées dans chaque numéro aux Mémoires et aux Extraits est sensiblement le même, mais en raison de la différence des caractères, l'importance des Extraits est environ le double de celle des Mémoires.

Mémoires. — La première partie de la Revue publie des mémoires de science industrielle, des articles d'un caractère exclusivement technique et enfin des traductions *in-extenso* d'un certain nombre d'articles de revues étrangères donnant la description de nouveaux appareils ou de nouveaux procédés de fabrication.

Extraits. — La deuxième partie de la Revue, consacrée aux extraits, a pour objet de donner un résumé aussi fidèle que possible de toutes les publications françaises et étrangères relatives à la métallurgie. Dans chaque cas, le résumé vise à faire connaître l'objet précis et l'importance du mémoire original dépouillé. Pour les mémoires d'une importance plus grande, les principaux résultats sont reproduits en détail. En vue de faciliter les recherches, ces extraits sont répartis en vingt chapitres dont les titres suivent :

ÉTUDES SCIENTIFIQUES

I. — PROCÉDÉS DE MESURE. — (Analyse chimique, pyrométrie, essais mécaniques, etc.)
II. — PROPRIÉTÉS DES MÉTAUX. — (Alliages, traitement thermique et méc. prop. div.)
III. — PROCÉDÉS DE FABRICATION ET DIVERS. — (Études théoriques.)

MATIÈRES PREMIÈRES

IV. — MINERAIS. — (Extraction, préparation et divers.)
V. — COMBUSTIBLES. — (Gisement, préparation, emploi au chauffage et fours.)
VI. — PRODUITS REFRACTAIRES ET MATÉRIAUX DIVERS.

FABRICATION

VII. — OUTILLAGE GÉNÉRAL DES USINES. — (Machines motrices, manutention, éclairage.)
VIII. — FER. — (Fonte, acier, outillage.)
IX. — MÉTAUX AUTRES QUE LE FER. — (Cuivre, plomb, zinc, argent, or, etc.)
X. — ACIERS SPÉCIAUX ET ALLIAGES.
XI. — LAITIERS, CIMENTS ET DIVERS.

EMPLOI DES MÉTAUX

XII. — TRAVAIL THERMIQUE ET MÉCANIQUE. — (Trav. des métaux, 2ᵉ fusion, trempe, etc.)
XIII. — USAGES. — (Construction mécanique, chemins de fer et divers.)
XIV. — CAHIER DES CHARGES ET DIVERS.

QUESTIONS ÉCONOMIQUES ET DIVERS

XV. — ORGANISATION DU TRAVAIL ET ENSEIGNEMENT TECHNIQUE.
XVI. — STATISTIQUES.
XVII. — QUESTIONS ÉCONOMIQUES, LÉGISLATIVES, COMMERCIALES.
XVIII. — NOUVELLES SCIENTIFIQUES ET INDUSTRIELLES.
XIX. — BREVETS.
XX. — CORRESPONDANCE, BIBLIOGRAPHIE ET DIVERS

Adresser la correspondance

Pour la rédaction technique :

à M. H. LE CHATELIER, 75, rue Notre-Dame-des-Champs, Paris.

Pour les abonnements et achats au numéro :

à Mᵐᵉ Vᵛᵉ Ch. DUNOD, 49, Quai des Grands-Augustins, Paris.

Téléphone : 819-38.

Prix de l'abonnement de 1 an : France 36 fr. ; Étranger 40 fr.

Prix du numéro : 4 fr. 50.